FUSÃO DE SOCIEDADES COMERCIAIS

(Notas Práticas)

JOSÉ DRAGO

Advogado

FUSÃO DE SOCIEDADES COMERCIAIS

(Notas Práticas)

FUSÃO DE SOCIEDADES COMERCIAIS
(NOTAS PRÁTICAS)

AUTOR
JOSÉ EDUARDO DRAGO

EDITOR
EDIÇÕES ALMEDINA. SA
Avenida Fernão de Magalhães, n.º 584, 5.º Andar
3000-174 Coimbra
Tel.: 239 851 904
Fax: 239 851 901
www.almedina.net
editora@almedina.net

PRÉ-IMPRESSÃO • IMPRESSÃO • ACABAMENTO
G.C. – GRÁFICA DE COIMBRA, LDA.
Palheira – Assafarge
3001-453 Coimbra
producao@graficadecoimbra.pt

Dezembro, 2007

DEPÓSITO LEGAL
266097/07

Os dados e opiniões inseridos na presente publicação
são da exclusiva responsabilidade do(s) seu(s) autores.

Toda a reprodução desta obra, por fotocópia ou outro qualquer processo,
sem prévia autorização escrita do Editor,
é ilícita e passível de procedimento judicial contra o infractor.

À memória de meus Pais
Aos meus filhos

NOTA PRÉVIA

O acompanhamento nos últimos tempos, no exercício da actividade profissional, de vários *"dossiers"* sobre fusão de sociedades comerciais, obrigou-nos a actualizar velhos conhecimentos, à luz do actual regime legal resultante da publicação duma série de preceitos, inseridos nas medidas legislativas que ficaram politicamente conhecidas por *simplex*.

Defendendo que a melhor arrumação das ideias passa por começar a expô-las por escrito, decidimos então encetar uma tarefa de compilação de apontamentos, de sistematização de observações, de arrumação de entendimentos, de preconização de soluções que a pouco e pouco, de forma imperceptível, foram dando forma ao presente trabalho.

Este, não tem qualquer pretensão académica ou doutrinária, pois visa tão só servir de bordão para apontar caminhos, ou para sugerir soluções sobre questões práticas eminentemente jurídicas (e não contabilísticas) com que o jurista que aborda este tema, amiúde tropeça.

Na convicção de que não proliferam no mercado monografias sobre o tema, cada vez mais recorrente face à inexorável globalização dos mercados, julgámos poder prestar um modesto contributo pondo à disposição dos leitores as nossas reflexões.

Lisboa, 22 de Julho de 2007

PARTE I

A FUSÃO DAS SOCIEDADES EM GERAL

CAPÍTULO I

INTRODUÇÃO

TÍTULO I

Noção

1. A "fusão" é um produto que veio a emergir na ciência jurídica como consequência natural das constantes transformações do sistema económico.

Este, em termos históricos, inicia-se com uma visão concorrencial e atomística, personalizada na *empresa individual* de carácter artesanal e familiar, de escassos recursos económicos e financeiros, e que no século VIII, já na era industrial, com o "arranque" da produção industrial em massa, vai progressivamente passando para o modelo económico da *concentração*.

A *empresa individual* perde então a sua posição a favor da *empresa colectiva*, começando assim a implantar-se a empresa societária, cuja forma organizativa e financeira já conseguia responder às modernas exigências de mercado e limitava o anterior risco da exploração empresarial (centrado nas pessoas físicas) com a criação da personificação jurídica dos novos entes morais, distintos das pessoas físicas.

Com a posterior globalização da economia (a denominada Terceira Revolução Industrial), consequência da globalização das empresas, esta resultante da constante internacionalização dos mercados nacionais, facilitada pela progressiva eliminação de barreiras ao comércio internacional, desenvolve-se a tendência do modelo económico concentracionista, criando-se para o efeito modelos económico-jurídicos cada vez mais complexos.

Um desses instrumentos jurídicos da estratégia da expansão económica das empresas consiste na técnica da "fusão", através da qual a empresa societária acumula activos patrimoniais de outra(s), sem perder a sua individualidade jurídica.

2. A "fusão" de sociedades configura assim uma forma de <u>concentração económica</u>[1] de empresas, que alguns autores[2] denominam *concentração primária* (concentração na unidade, ou seja, com a expansão das células económico – empresariais e retracção do seu número), pela qual os respectivos elementos constitutivos, ou pelo menos alguns deles, perdem a sua individualidade originária, quer económica, quer jurídica.

A "fusão" distingue-se porém da pura "concentração" económica de empresas, excede-a, por importar necessariamente, para uns, a «extinção», ou na concepção de outros, a «transformação» de, pelo menos, uma das sociedades intervenientes.

3. A "fusão" de sociedades consiste pois na reunião numa só [*resultante*], de duas ou mais sociedades [*participante(s) fundida(s)*], ainda que de tipo diferente (*n.º 1 do art. 97.º*)[3].

Não é assim legalmente possível a fusão entre uma sociedade e uma empresa individual.

Não haverá fusão se uma sociedade adquire apenas todo o activo e passivo de outra, sem incorporar os sócios respectivos.

O mesmo sucederá se uma das sociedades adquiriu a totalidade do capital social da outra, operação que não afecta a existência desta, nem a individualidade jurídica de ambas, apenas ocasionando a mudança de titular das suas participações sociais.

---

[1] Vide infra, Nota de rodapé 75 (concentração de empresas).

[2] Entre outros, vide JOSÉ ENGRACIA ANTUNES in *"Os Grupos de Sociedades"* 2.ª ed.º Almedina, pag. 49.

[3] As disposições legais mencionadas sem indicação expressa do diploma, reportam-se ao Código das Sociedades Comerciais (CSC), na redacção actualmente em vigor, já com as suas últimas alterações, nomeadamente, as resultantes do Dec--lei n.º 76-A/2006 de 29 de Março e Dec-lei n.º 8/2007 de 17 de Janeiro.

Do mesmo modo, a "fusão" distingue-se do "grupo societário"[4], dado que este emerge de operações jurídico – económicas não subordinadas a um processo jurídico institucionalizado (contrariamente ao que ocorre na fusão), que criam um *empresa* pluri – societária e não, como no caso da fusão, uma *empresa* unissocietária.

A fusão, como adiante se desenvolverá[5], pode ou não acarretar aumento de capital da sociedade *resultante*, pelo que este aspecto é irrelevante para a sua caracterização.

No aspecto económico, as sociedades fundidas podem exercer a mesma actividade (*concentração simples*), explorar ramos afins, ou dependentes (*combinação*) ou terem objectos díspares (*agregação*).

No enquadramento jurídico, as sociedades fundidas podem ter tipos diversos, sedes em territórios diferentes, em territórios nacionais distintos ("*fusões transfronteiriças*").

4. Quando as sociedades fundidas apresentam nos seus elementos este tipo de dissemelhanças, que podem impedir a fusão, ou alterar o regime legal da sociedade, a doutrina costuma utilizar a expressão «*fusão heterogénea*».

Essa diferença de elementos entre as sociedades, pode em certos casos, vir a impedir legalmente a fusão, como ocorrerá, por exemplo, na hipótese da fusão acarretar a incorporação duma sociedade, cuja laboração careça de licenciamento específico (v.g. a actividade bancária) noutra sociedade com objecto diferente.

Como também pode vir a originar uma «transformação» (mudança de tipo) ou qualquer «alteração» (mudança de objecto, de contrato social, etc.) da sociedade, equacionando-se nestes casos se deverá ou não essa circunstância aconselhar uma acumulação de regimes jurídicos, para além do regime da fusão, ou seja, se para além dos requisitos da fusão, se deverão cumprir ou não os requisitos próprios de cada um dos tipos de sociedade, para as «transformações» ou «alterações» dessa sociedade.

Acompanhamos os que entendem[6] que os interesses de sócios ou de terceiros que são protegidos pelos preceitos legais específicos de cada

---

[4] vide JOSÉ ENGRACIA ANTUNES, op. cit. pag. 85.

[5] Vide infra, **PARTE I, CAPÍTULO III, TÍTULO I, SECÇÃO II**, alínea **f) NOTA 1.**

[6] Como RAÚL VENTURA in "*Fusão, Cisão e Transformação de Sociedades*" Almedina, pag. 39.

12 *Fusão de Sociedades Comerciais*

sociedade, para os casos de «transformação», ou de «alteração», não devem ser postergados em caso de fusão, pelo que, mesmo neste caso, deverá acumular-se com o regime próprio da fusão, o regime específico dessas situações.

Aliás, era esta a doutrina que dimanava do art. 8.º do revogado dec--lei n.º 598/73, que regulou a "fusão", adiante citado.

TÍTULO II

Modalidades

O Código Comercial de 1888 previa e regulava a fusão das sociedades nos artigos 124.º a 127.º (com referência ao n.º 7 do art. 120.º), os quais vieram a ser substituídos pelo dec-lei n.º 598/73 de 8 de Novembro, que regulou a fusão no seu Título I.

Mais tarde, regulamentando os princípios da fusão, foi publicada no Jornal Oficial de 20 de Outubro de 1978, a Terceira Directiva emanada do CCE em 9 de Outubro, a qual, tomou o n.º 78/855/CEE[7].

Actualmente, a fusão é tratada no Capítulo IX do Título I, Parte Geral, nos artigos 97.º a 117.º do Código das Sociedades Comerciais (CSC).[8]

---

[7] Com a epígrafe: *"Terceira directiva do Conselho de 9 de Outubro de 1978, baseada no artigo 54.º, parágrafo 3, letra g) do Tratado e relativa a fusões de sociedades anónimas"* Edição especial portuguesa: Capítulo 17 Fascículo 1 p. 0076.

[8] Faz-se notar que as «entidades públicas empresariais» [definidas no n.º 1 do art. 23.º do dec-lei n.º 558/99 de 17.12 – diploma que regulamenta as empresas públicas do Estado – como *«pessoas colectivas de direito público, com natureza empresarial, criadas pelo Estado»*] regem-se pelo direito privado, de acordo com o princípio geral (consagrado na 1.ª parte do art. 7.º daquele diploma).

Todavia, o regime de fusão de sociedades consagrado no CSC, não se aplica às fusões de «entidades públicas empresariais», dado que a fusão destas entidades opera-se, em cada caso, através de decretos-lei e nos termos especiais neles definidos, como é estabelecido no artigo 33.º daquele diploma.

O regime da "fusão" das «entidades públicas empresariais», constitui assim um desvio, legalmente admitido (cf. n.º 1 *in fine* do art. 7.º do dec-lei n.º 558/99), ao princípio geral supra referido.

A "Fusão", tanto pode realizar-se:

a) Com a transferência global do património de uma (ou mais) sociedade (s) para outra, conferindo-se ao (s) sócio(s) daquela(s), partes sociais desta [*alínea a) do n.º 4 do art. 97.º; alínea b) do art. 112.º*]; é a chamada "fusão" por *incorporação.*

b) Com a constituição duma "nova" sociedade, para a qual se transfere a totalidade do(s) património(s) da(s) sociedade(s) fundida(s), sendo aos sócios desta(s) atribuídas partes sociais da nova sociedade [*alínea b) do n.º 4 do art. 97.º, alínea b) do art. 112.º*]; é a chamada "fusão" por *constituição, ou por concentração,* apodada na velha doutrina, de *"fusão própria".*

Como adiante melhor se desenvolverá, é discutida a verdadeira natureza do *quid* que a lei denomina «transferência da globalidade do património» da(s) sociedade(s) incorporada(s) e entre os autores que a aceitam, alguns consideram-na uma transferência dum património universal[9], uma *sucessão universal.*

TÍTULO III

Natureza Jurídica

1. Diz a lei (*art. 111.º e art. 112.º*) que, com o registo definitivo da inscrição da fusão no Registo Comercial os direitos e obrigações da sociedade *fundida* ***«transmitem-se»*** para a sociedade *incorporante*, ou para a nova sociedade, ***«extinguindo-se»*** as sociedades *incorporadas*, ou *participantes.*

Noutro passo (*n.º 1 do art. 106.º*) a lei também consagra que a fusão segue a **forma** exigida para a ***«transmissão»*** dos bens das sociedades incorporadas, ou no caso de constituição de nova sociedade, das sociedades participantes nessa fusão.

---

[9] Vide, INOCÊNCIO GALVÃO TELLES, *"Das Universalidades"*: estudo de Direito Privado/Inocêncio Galvão Telles. – Lisboa: [s.n.], 1940. – Pg. 249; JOSÉ TAVARES in *"Sociedades e Empresas Comerciais"*, Coimbra Editora, 1924, pag. 628.

14 *Fusão de Sociedades Comerciais*

Ou seja, em termos literais, a lei utiliza para a fusão determinadas expressões (*"transmissão"*, *"extinção"*) que têm contornos jurídicos definidos.

Todavia e mesmo assim, equaciona-se:

❖ Quando a lei se refere a *"extinção"* será esta uma verdadeira *"extinção"* da sociedade? Ou uma mera *transformação* ou antes uma *dissolução* ou ainda uma perda da *individualidade* da sociedade fundida?

❖ Ocorrerá uma verdadeira *transmissão* de bens da sociedade incorporada para a sociedade resultante? Ou apenas uma *sub--rogação* da sociedade «*resultante*» no património desses bens?

O Código das Sociedades Comerciais não autonomizou a figura da "extinção" das sociedades comerciais [ao contrário do que se verifica com outros institutos, nomeadamente no da "dissolução" e no da "fusão"], quiçá por o legislador ter entendido que não mereceria essa autonomia de tratamento por constituir uma mera consequência *ipso jure* dos factos que consagrou serem seus causadores.

Assim, por exemplo, na situação de dissolução/liquidação, a extinção da sociedade só ocorre com o <u>registo do encerramento da liquidação</u> *(n.º 2 do art. 160.º).*

Na "fusão" a extinção só se verifica com a <u>sua inscrição no registo comercial.</u> [*alínea a) do art. 112.º*, com referência ao *art. 1.º, art. 3.º, alínea r), art. 11.º e art. 14.º do C.R.Com.*].

Esta circunstância terá eventualmente contribuído para se manterem em aberto as inúmeras teorias sobre a verdadeira natureza da "extinção" das sociedades resultante duma operação de "fusão".

2. A determinação da natureza jurídica do acto de "fusão" (*vis a vis* as sociedades fundidas e o seu património) é questão que não reveste apenas carácter meramente académico, pois tem evidente interesse prático, já que, no mundo do comércio jurídico será crucial determinar-se, por exemplo, o que ocorre com os contratos (direitos e obrigações) vigentes celebrados pelas sociedades fundidas, nomeadamente:

❖ «Transferem-se» por um fenómeno de *"sucessão universal"* para a sociedade *resultante*?

❖ Ou ao invés, alguns dos contratos (v.g. de arrendamento), extinguem-se por caducidade?

❖ Ou finalmente, "absorvem-se" na sociedade *resultante* já que acompanham a sociedade fundida que se *dissolveu* ou *transformou* na outra, ou apenas porque perdeu a sua *individualidade* a favor desta?

3. A natureza da "fusão" é uma clássica *vexata quaestio* desta figura jurídica, com dispares orientações doutrinárias e jurisprudenciais que parece ainda não se terão estabilizado, e que aqui apenas se aflorarão, dada a natureza sucinta e prática do presente trabalho.

A divergência doutrinária resulta fundamentalmente da circunstância da "fusão" produzir <u>simultaneamente</u> uma série complexa de efeitos (transferência de patrimónios, *"extinção"*, *"transformação"* ou *"dissolução"* de sociedades, passagem de sócios das sociedades incorporadas para a sociedade resultante), procurando os autores associar esses efeitos a figuras jurídicas existentes no ordenamento jurídico que melhor os possam integrar ou explicar.

Antes de se apresentarem as teorias em confronto convirá desde já esclarecer-se que o que está em causa na discussão científica da natureza da figura *in casu,* reporta-se à abstracção filosófica do fenómeno, que não à caracterização formal dos seus efeitos, pois, como adiante se verá, é incontornável que «formalmente» a "fusão" produz a *transmissão* do património da sociedade incorporada e a *extinção* desta.

Ou seja, o que as teses em causa pretendem averiguar, e eventualmente pôr em crise, é se a expressão formal da lei corresponde à realidade substancial subjacente.

4. Na nossa anterior doutrina, ainda no domínio do Código Comercial (n.º 7 do art. 120.º e art. 124 e ss), José Tavares ia já tão longe ao afirmar que: "... *a fusão* ...<u>*não é rigorosamente a extinção das sociedades fundidas,*</u> *mas a transformação do seu organismo económico...* <u>*A sua própria personalidade jurídica não desaparece*</u> *inteiramente mas antes se transforma, integrando-se numa colectividade mais forte*[10]".

Escrevia o insigne professor analisando a **fusão concentração** (chamada de «propriamente dita»): "...*não se pense que esta nova*

---

[10] in op. cit. pag. 614 e 615

sociedade resultante da fusão seja completamente distinta das sociedades fundidas, porque na verdade ela não é outra coisa senão a mesma personalidade jurídica daquelas integrada na mesma unidade orgânica: os seus sócios, os seus capitais, os seus credores, os seus devedores, os seus negócios, são exactamente os mesmos das sociedades fusionadas...A sociedade resultante não é perfeitamente uma sociedade nova, ...visto ser exactamente o produto material da congregação das sociedades fundidas..."[11] (sic).

E, quanto à **fusão incorporação** também entendia que: "*...a sociedade representativa das sociedades que se fundem é precisamente a integração colectiva das suas personalidades. É a sua soma numérica e algébrica, pois que assume integralmente os direitos e obrigações de todas e de cada uma delas. É rigorosamente o que em mecânica constitui uma composição de forças. A sociedade em que se realiza u fusão é a «força resultante», e as sociedades da fusão são as «forças componentes».*"[12] (sic).

E continuava ensinando[13]: "*Vê-se assim que mesmo na fusão propriamente dita (por concentração) a sociedade resultante não é propriamente uma sociedade nova... Este conceito serve bem para justificar e explicar a especial disciplina jurídica da fusão, dispensando a nova sociedade resultante de observar todas as formalidades e condições necessárias à primitiva constituição das sociedades propriamente novas...*" (sic).

Este conceito explicará seguramente o que o distinto mestre pretendia, mas, a nosso ver, temos alguma dúvida que, à face do regime legal em vigor, no caso de fusão por *concentração*, possa ajustar-se ao facto de que a sociedade resultante, para se constituir, tenha que obedecer a todos os formalismos legais impostos para a constituição de uma nova sociedade, como exige a lei (cf. *n.º 2 do art. 106.º* e *n.º 4 do art. 7.º*).

Ainda quando o Código Comercial regulava a fusão, pese embora o então n.º 7 do seu art. 120.º considerar a fusão uma das causas de dissolução, JOSÉ GABRIEL PINTO COELHO já entendia que, as "*sociedades*

---

[11] Op. e loc. cit.
[12] Loc. e op., cit.
[13] Ibidem, pag. 615 e 616.

não findam verdadeiramente, apenas continuam a sua existência em condições diversas"[14]. Seria uma *dissolução sem liquidação e partilha.*

Em boa verdade, terá de se reconhecer que, diferentemente do que ocorria no Código Comercial, hoje, o Código das Sociedades Comerciais não inclui a fusão entre as causas de <u>dissolução</u> das sociedades *(cf. art. 141.º e art. 142.º)* e na regulamentação da fusão não são feitas referências à palavra "dissolução" (à excepção do *n.º 2 do art. 97.º*, mas que se refere a sociedades já em fase de dissolução aquando da fusão), pelo que parece que o legislador português se terá querido afastar intencionalmente da expressão da 3.ª Directiva que fala na *"dissolution sans liquidation"*

Por outro lado, como realça RAUL VENTURA, a dissolução não é um facto jurídico, mas um efeito dum dos casos considerados como sua causa, o qual faz entrar a sociedade na fase da liquidação. Não havendo liquidação, no entender daquele mestre, não haveria dissolução, mas <u>simplesmente</u> **extinção** da sociedade, o que, na fusão se atingiria com a transmissão global do património da sociedade, ou seja, **sem *"dissolução"* nem *"liquidação"***[15].

Assim, a doutrina mais tradicional segue a orientação de que com a fusão produzem-se *simultaneamente* os três efeitos:[16]

❖ A *transmissão universal* do património da sociedade incorporada;
❖ A unificação dos sócios das sociedades intervenientes;
❖ A *extinção* de sociedades (as *incorporadas*, ou *participantes*), *sem dissolução* e *sem liquidação*.

HENRIQUE MESQUITA, com a mesma orientação, escrevia[17]: *"...Perante a redacção deste preceito (art. 112.º) <u>nenhuma dúvida pode haver que a fusão origina a «extinção» como pessoas jurídicas das sociedades que se incorporam</u> noutra já existente («fusão por incorporação») ou que se fundem numa nova sociedade, criada pre-*

---

[14] In *"Lições* (feitas ao curso do 3.º ano jurídico) *de Direito Comercial Obrigações Mercantis em Geral Obrigações Mercantis em Especial (Sociedades Comerciais)*, Edição do Autor, 1966, fascículo II, pag. 119.

[15] RAÚL VENTURA in op. cit. pag. 227 e 228.

[16] Cf. RAÚL VENTURA in op. cit., pag 233 e ss.

[17] In *RLJ*, ano 131, pag. 154.

18 Fusão de Sociedades Comerciais

cisamente para as absorver ou unificar («fusão por concentração»). Embora a actividade das sociedades fundidas prossiga, elas não podem manter-se como entes ou sujeitos de direito autónomos, dentro da sociedade que as absorve ou incorpora. (...) isso nem corresponderia à vontade das partes, cujo objectivo é reunir ou concentrar numa só, duas ou mais sociedades."

Seguia a mesma doutrina Pessoa Jorge, ao escrever:[18] *"...o amalgamar desses elementos* (pessoal e patrimonial), *a reunião de duas ou mais sociedades numa só...na qual passa a haver um único património e um único conjunto de sócios «é incompatível com a subsistência de uma pluralidade de pessoas jurídicas»".*

É a orientação também defendida por alguma doutrina estrangeira.[19]

5. Porém, actualmente grande parte da doutrina e jurisprudência tem afastado aquele entendimento mais tradicional, defendendo que a natureza da "fusão" estará mais próxima da figura da ***transformação***[20] da sociedade, do que da *dissolução/liquidação* da sociedade[21], com o argumento ponderoso de que a intenção dos sócios e da lei (ao regulamentá-la) nunca seria a de *extinguir* a sociedade, mas sim a de a manter viva, *transformando* dois ou mais organismos produtivos para o fim de "potenciar" a continuação da actividade económica em forma unitária[22], *aproveitando-se* assim o que já existe[23].

Convém desde já notar-se que esta terminologia (de ***transformação***) é usada não no sentido *stricto sensu* [alteração do "tipo" de

---

[18] In *"Transmissão do arrendamento comercial por efeito da incorporação da sociedade arrendatária"* O Direito, ano 122.º (1990), pág. 463 e ss.

[19] Entre outros, vide Francesco Ferrara/Francesco Corsi in *"Gli imprenditori e le società"*, 5.ª ed.º, posição que veio mais tarde a alterar.

[20] Neste sentido veja-se também Ac do STJ de 06-12-2006, P.º n.º 06B3458, relator Oliveira Barros, n.º de doc. SJ200612060034587.

[21] Neste sentido, José Tavares in *"Sociedades e Empresas Comerciais"*, Coimbra Editora, 1924, pag. 618; Pinto Furtado, in *"Curso do Direito das Sociedades"* Almedina, 4.ª Ed.º, pag. 550; Entre outros, Ac. R.P. de 2/12/82 in Col. VII-5, pag. 223; Ac do STJ de 06-12-2006, P.º 06B3458, n.º de doc. J200612060034587.

[22] Francesco Ferrara/Francesco Corsi in *"Gli imprenditori e le società"*, 7.ª ed.º, pag. 737 e Silvetti in *"Transformazione e fusione delle società"* 1973, 543, 2.ª col.

[23] Menezes Cordeiro in *"Manual de Direito das Sociedades"* Almedina, I, pag. 787.

sociedade – *art. 130.º*], mas, no sentido *lato sensu*, como transformação material (e não meramente formal) da sociedade, já que, de acordo com esta orientação, quando duas sociedades se reúnem numa só e uma delas destaca o seu património (movimentação de activos patrimoniais) e o integra noutra (existente ou a constituir), transferindo-se para esta os sócios daquela, estaremos a assistir a uma verdadeira transformação de sociedades.

Foi este princípio que seguiu o Acórdão de fixação de jurisprudência n.º 5/2004 do STJ, DR de 21 de Junho de 2004, I série, relatado pelo Conselheiro Henriques Gaspar, o qual, ao abordar a natureza da "extinção" na **fusão** de sociedades, não se afastou muito desta orientação. Atente-se ao excerto seguinte:

"Diz a lei que com a fusão extinguem-se as sociedades incorpo-radas, ou todas as sociedades fundidas. Mas também não podem esque-cer-se as finalidades dessas extinções; não se extingue tudo isso como um fim em si mesmo; extingue-se para **substituir***, extingue-se para* **renovar.** *Certamente são aproveitados os elementos pessoais, patri-moniais e até imateriais das sociedades participantes que se extinguem, mas a extinção não implica desaproveitamento.*

Existe sempre, pois, um elemento decisivamente relevante na com-paração entre o real e a construção jurídica – que é, como construção ao serviço de interesses, meramente instrumental; os interessados, ao procederem à fusão, não têm intenção de morte, mas sim de melhor e longa vida para as sociedades e para a realização das finalidades com que foram constituídas.

(...) A fusão significa, pois, ao contrário da morte, perspectiva de melhor e mais sustentada continuidade económica, por redução de riscos, obtenção de economias de escala e de racionalização (...)."

6. Estas teorias, opostas à mais tradicional, deparam porém com o elemento literal da lei (*art. 111.º e art. 112.º*), a qual, quer queiramos quer não, refere expressamente que com a inscrição no registo da "fusão", *extinguem-se* as sociedades *incorporadas*, ou *participantes*, o que, pese embora a força do argumento em contrario, nos parece que acabará por ser, no fundo, a verdadeira intenção dos sócios, os quais, através da fusão, não pretenderão que "*subsistam*", ainda que "*trans-*

20 Fusão de Sociedades Comerciais

formadas", ou com *"individualidade"* diferente, as sociedades incorporadas (dentro da incorporante), mas, ao invés, que as sinergias destas, mercê da sua extinção, se transfiram e juntem à *resultante*, exponenciando só nessa, as suas capacidades comerciais.

Não se põe em causa que os sócios das sociedades incorporadas, com a fusão, não pretendam manter *vivo* o «complexo» económico financeiro das sociedades incorporadas, acompanhado do seu património, mas parece-nos que esta realidade será bem distinta de se defender que os sócios pretenderem que essa *universalidade* se mantenha cativa do mesmo ente jurídico, ainda que *transformado*.

Para aqueles que defendem que, no caso da "fusão", a intenção dos sócios nunca será a de *extinguir* a sociedade, mas sim a de a manter viva, *transformando* dois ou mais organismos produtivos, para potenciar a sua actividade noutra sociedade, fica, salvo erro, então por explicar porque optam estes por lançar mão dessa figura jurídica de contornos processuais tecnicamente complexos, em detrimento daquelas outras de tramitação bem mais simples e célere que levam à constituição de "grupos" ou "coligações" de sociedades, as quais, estas sim, sem bulir com a personalidade jurídica de cada uma delas, podem também cumprir o desiderato de alcançarem uma "concentração económica", suprimindo custos com centralizações administrativas, unificando métodos de gestão, ou das participações sociais, consolidando contabilidades, concertando estratégias de mercado, alargando áreas de influência, aproveitando reciprocamente *Know How* das sociedades intervenientes, em suma, convencionando os mais adequados meios económicos, jurídicos e comerciais para potenciar as capacidades de cada uma das sociedades intervenientes.

É que, já FERRI[24] realçava que o ênfase da justificação económica da fusão encontra-se sobretudo na perspectiva futura que consiste na vantagem que os grupos autónomos obtém com a sua unificação, com a nova dimensão da empresa e com o novo peso que esta possa vir a alcançar no mercado.

Para além do mais, como adverte RAÚL VENTURA[25], dificilmente se alcança (salvo, acrescentamos nós, por prodigiosa construção filosófico-

---

[24] Op. cit, pag. 928.
[25] Ibidem, pag. 233.

A Fusão das Sociedades em Geral

-jurídica) como se consegue proceder à unificação das sociedades envolvidas, através da mera *transformação* do acto constitutivo de cada uma delas.

Seja como for, o certo é que, para muitos autores[26], esta "extinção", não é entendida, no sentido técnico do termo, uma verdadeira extinção substancial (ainda que o possa ser formalmente), por *dissolução com liquidação*, pois consistirá numa mera *cessação de existência autónoma*, ou uma *dissolução sem liquidação*[27], já que a(s) sociedade(s) "*dissolve(m)-se*"[28] na sociedade *resultante*,[29] sem que ocorra um fenómeno de "sucessão universal", não sendo por isso aplicável ao caso, o regime fiscal desta.

Para outros autores, a sociedade incorporada não se dissolve, só *perderia a sua personalidade jurídica*.[30]

Para FERRI[31] a fusão é a concentração numa única organização social de várias organizações autónomas, através dum negócio que opera sobre a organização social, "*modificando-a*".

Para este autor, a "*modificação*" que se verifica na posição dos sócios e no património da sociedade resultante, é apenas uma consequência reflexa da "*modificação*" que ocorre na organização social.

Escreve assim[32] que: "*...os efeitos característicos que se produzem quer na posição dos sócios, como no património da sociedade, não se reduzem a um acto da vontade dos sócios, ou a um acto de disposição do património social, ...mas são a consequência duma nova organização – «nuovo ordinamento» – que se deu na sociedade...*" (tradução nossa).

Para SIMONETTO[33], o fenómeno da fusão caracteriza-se pela *perda da "individualidade"* (*quid medium* entre a conservação e a extinção) das

---

[26] Vide PINTO FURTADO loc. cit. pag. 550; FERRER CORREIA, in "*Sociedades Comerciais*", pag. 241;

[27] Na terminologia da Directiva 90/434/CEE de 23 de Julho de 1990, afastada todavia na redacção do CSC.

[28] Na expressão feliz de PINTO FURTADO: "*...à imagem dum torrão de açúcar que se lance no café...*"(loc. cit., pag. 550).

[29] Continuando, embora sem individualidade e autonomia, fundindo a sua actividade com outro (s), como decidiu o Ac. do STJ de 18/701/83 in BMJ, 323.º, 382.

[30] PUPO CORREIA in "*Direito Comercial*" 5.ª Ed.º, SPB editores, pag. 612.

[31] In *Le Società*", Utet, 2.ª Ed.º, pag. 925 e ss.

[32] Op. cit, pag. 926.

[33] "*Transformazione e fusione delle società*" in "*Commentario al codice civile*" SCALOJA e BRANCA Bologna-Roma, 1965.

sociedades incorporadas e esclarece que a unificação do património deriva da unificação... «*dei complessi personali*» e da reunião das participações em torno da unidade social unificada.

GIOVANNI TANTINI[34] entende que a fusão é estruturalmente uma **modificação do acto constitutivo,** deliberada e concretizada com o acto de fusão, comportando a transferência de todos os direitos e obrigações da sociedade incorporada para a sociedade incorporante e em "consequência" o desaparecimento das participações sociais da sociedade incorporada; entende que só neste sentido e apenas neste sentido se poderá falar em extinção da sociedade.

E conclui escrevendo[35]: *"...A fusão nasce dum acto de autonomia (a deliberação) interno do grupo que pretende «continuar» a actividade da sociedade, mas numa sociedade diversa; assim extingue-se a sociedade incorporada, porque se extingue o contrato social e a organização, <u>a qual todavia continua de acordo com um contrato diferente e uma diferente organização social...</u>"* (tradução e sublinhados nossos).

Este autor entende assim que o regime aplicável à fusão, será por interpretação, o da disciplina do instituto da "transformação.

7. Em suma, no fundo, as teorias mais modernas que se têm desenvolvido sobre a natureza jurídica da fusão procuram todas elas explicar a génese do fenómeno jurídico que a fusão acarreta perante as sociedades envolvidas e o seu património, socorrendo-se os seus autores amiúde, com maior ou menor virtuosismo literário ou preciosismo retórico, de "figuras" ou expressões, que estejam mais próximas do enquadramento jurídico que entendem adequado àquele fenómeno.

Não será portanto de estranhar que no desenvolvimento justificativo dessas teorias, de quando em vez deparemos com o recurso a expressões, definições, ou a institutos, que há falta de melhor, são tautologicamente utilizados "por aproximação", "por similitude", por "analogia", mas que, encarados *per se*, deparam com alguns escolhos, tais como:

---

[34] In *"la Fusione delle Società"*, in *"Trattato di Diritto Commerciale e di Diritto Pubblico Delleconomia"*, direcção de FRANCESCO GALGANO, vol 8.º, Cedam, pag. 288.

[35] Op. cit. pag. 288.

A Fusão das Sociedades em Geral

- ❖ *"dissolução «sem liquidação»"* [PINTO FURTADO (op. cit. pag. 550)], que é uma figura que parece não existir no nosso ordenamento jurídico;

- ❖ *"...um «tipo» de transformação de sociedade"* [JOSÉ TAVARES (op. cit. pag. 618); PINTO FURTADO (op. cit. pag. 550)]; MENEZES CORDEIRO (op. cit. pag. 788).

  Esta expressão esbarra com o facto de os «tipos» de "transformação" de sociedades estarem elencados na lei *(art. 130.º e ss)*, e a fusão não ser obviamente um dos que consta desse elenco.

- ❖ *"... a personalidade jurídica não desaparece «inteiramente» mas antes se «transforma»"...* [JOSÉ TAVARES (op. cit. pag. 614 e 615)].

  Esta terminologia admitiria a dúvida sobre a natureza jurídica duma personalidade jurídica «transformada» ou «parcialmente» desaparecida.

- ❖ *«...substituição»* ou *«renovação» de sociedade* [Acórdão n.º 5/ /2004 do STJ].

  Estas expressões não correspondem a quaisquer figuras conhecidas no nosso ordenamento jurídico, já que a única que se aproxima será a do "regresso à actividade", duma sociedade em fase de liquidação *(art. 161.º);*

- ❖ *"...ela* (fusão) *...não é «rigorosamente» a extinção da sociedade incorporada* [JOSÉ TAVARES (op. cit. pag. 618].

  Esta expressão facultaria a distinção jurídica entre a extinção "mais rigorosa" e "menos rigorosa" duma sociedade;

- ❖ *"...a sociedade resultante* (na fusão por concentração) *não é «propriamente» «perfeitamente» uma sociedade nova* [JOSÉ TAVARES (op. cit. pag. 615)].

  Estas expressões levariam a conceptualizar a diferença jurídica entre "sociedade nova" e "sociedade «propriamente» ou «perfeitamente» nova; haverá sociedades novas *menos* perfeitas, ou *menos* próprias?

- ❖ *"...sociedade «modificada»"* [FERRI (op. cit. pag. 925)].

  Este conceito, insere-se, no ordenamento jurídico societário português, na modificação de sociedades, prevista no instituto das "alterações" do contrato *(art. 85.º e ss.)*, as quais não dão origem a qualquer extinção de sociedades, como ocorre nas fusões.

24   *Fusão de Sociedades Comerciais*

❖ *"...o fenómeno da fusão caracteriza-se pela perda da "individualidade" («quid medium» entre a conservação e a extinção) das sociedades incorporadas"* [SIMONETTO].
O conceito de «individualidade» dos entes colectivos não se encontra plasmado no ordenamento jurídico português, não estando efectivamente previsto no que concerne a personalidade jurídica das pessoas colectivas, um *tertio genus:* as pessoas colectivas <u>têm,</u> ou <u>não têm</u> personalidade jurídica.

❖ *"A fusão de sociedades comerciais ...é ...uma «transformação» das mesmas; os pactos sociais respectivos são alterados, de molde a que as diversas entidades preexistentes passem a constituir uma só...".* [MENEZES CORDEIRO (op. cit. pag. 789 IV)].

Parece-nos que este conceito dificilmente abarcará as situações em que a fusão se processa sem que ocorra qualquer «alteração» do pacto social (nem no capital, nem na sua distribuição) da sociedade incorporante, por esta já deter anteriormente a totalidade das participações sociais das incorporadas.

TÍTULO IV

Forma

1. O art. 98.º, quer na sua anterior, como na actual redacção, manda que as administrações das sociedades que se pretendam fundir, elaborem em conjunto um <u>Projecto</u> de fusão donde constem vários elementos, que adiante e em local próprio se descriminem.

Assim, a exigência legal é a que o projecto tenha de ser «elaborado», ou seja, que revista a <u>simples forma escrita.</u>

2. Quanto ao <u>acto</u> da fusão, o *n.º 1 do art. 106.º* na sua anterior redacção, dispunha que competia às administrações das sociedades participantes (aprovado o projecto da fusão pelas várias assembleias) outorgarem a <u>escritura de fusão.</u>

Hoje porém, com a actual redacção (introduzida pelo Decreto-Lei n.º 8/2007, de 17 de Janeiro) o acto de fusão deve revestir apenas a **forma** exigida para a transmissão dos bens das sociedades incorporadas (*n.º 2 do art. 106.º*).

A Fusão das Sociedades em Geral 25

Ou seja, se o acto de fusão não envolver a transmissão de bens imóveis (cf. *n.º 1 «in fine» do art. 7.º n.º 1 do art. 80.º do Código do Notariado*), o «contrato» de fusão revestirá a mera forma escrita por documento particular.

Se a fusão se realizar mediante a constituição de nova sociedade, devem observar-se as disposições que regem essa constituição (*n.º 1 do art. 106.º e n.º 4 do art. 7.º*).

3. Quanto à **forma dos contratos de sociedade**, o princípio é de que estes devem obedecer à <u>forma escrita</u>[36] e as assinaturas dos subscritores devem ser <u>reconhecidas presencialmente</u> (cf. *n.º 1 do art. 7.º*) acto este que hoje já pode ser realizado por outras entidades, para além dos Notários[37].

Só será exigida forma mais solene (escritura pública), se esta for a forma exigida para a transmissão dos bens com que os sócios entram para a sociedade (entradas em espécie), o que ocorre sempre que estes consistam em bens imóveis (cf. *n.º 1 «in fine» do art. 7.º n.º 1 do art. 80.º do Código do Notariado*).

---

[36] Esta <u>forma escrita</u>, face ao disposto no *art. 4.º-A*, *"...é cumprida ainda que o suporte de papel e a assinatura sejam substituídas por outro suporte, ou por outro meio de identificação que assegurem níveis equivalentes de inteligibilidade, de durabilidade e de autenticidade"* (sic). Tratam-se dos documentos electrónicos regulados pelo Dec-lei n.º 290-D/99 de 2 de Agosto (republicado pelo Dec-lei n.º 62/003 de 3 de Abril) e regulamentado pelo Dec – Regulamentar n.º 25/2004 de 15 de Julho.

[37] V.g. Câmaras de Comércio e Indústria (reconhecidas nos termos do Decreto-Lei n.º 244/1992, de 29 de Outubro) e ainda, os <u>conservadores,</u> os <u>oficiais de registo,</u> os <u>advogados</u> e os <u>solicitadores</u> (n.º 1 do art. 38.º do dec-lei n.º 76-A-2006 de 29 de Março).

CAPÍTULO II

Efeitos da Fusão

TÍTULO I

Na Transmissão de Patrimónios

SECÇÃO I

Generalidades

A questão da natureza da transmissão do património da sociedade fundida, como um dos efeitos da fusão, porque se prende com a natureza desta, volta a constituir outra querela clássica da doutrina.

Como já se realçou, diz a lei [*alínea a) do art. 112.º*] que com o registo definitivo da inscrição da fusão no Registo Comercial os direitos e obrigações da sociedade *fundida* «transmitem-se» para a sociedade *incorporante*, ou para a nova sociedade.

De acordo com a literalidade da lei [*alínea a) do art. 97.º e n.º 2 do art. 106.º*], transmitir-se-ia assim a globalidade do património das sociedades incorporadas.

Para FERRI,[38] em resultado do acto da fusão *"...a nova sociedade ou a sociedade incorporante "sucede" no património da sociedade pre-existente, ou da sociedade incorporada..."* (tradução nossa).

Pese embora a opinião expressa por JOSÉ TAVARES sobre a natureza da "extinção" das sociedades fundidas,[39] não deixava porém de enten-der[40], quanto à «transferência» dos património, que:

> *"As sociedades que desaparecem perdem a sua personalidade jurídica, o seu nome, o seu património, e os seus órgãos funcionais e representativos, sucedendo-lhes como a título universal, a socie-dade resultante (...) a propriedade ... dos bens que até aí perten-ciam às sociedades extintas, passam «ipso facto» para aquela"*

---

[38] Cf. op. cit. pag. 927.
[39] Veja-se op. cit., pag. 614 e 615.
[40] Cf. op. cit. pag. 628.

Escrevia Vivante[41]:

"...a transferência do património «universitas juris» produz a transferência de todos os créditos que o compõem e das suas garantias... A sociedade que continua em vida poderá exigir dos terceiros a observância de todos os contratos em curso, de locação, de seguro, de abertura de créditos e outros.... conjuntamente com o activo passam para a sociedade sobrevivente as dívidas que são a sua inseparável companhia, tanto as dívidas anteriores à fusão, como as resultantes da mesma.... a sociedade sobrevivente torna--se devedora em nome próprio e não como representante da sociedade extinta..." (sic).

Como se sabe a <u>universalidade de facto</u> (*res ex distantibus*) é o conjunto – complexo – de várias coisas corpóreas que pertencem a uma mesma pessoa (ou a um *grupo* interligado) e que têm uma finalidade económica unitária (**unidade económica),** porque traduzem um conjunto de meios organizados com o objectivo de exercer uma actividade económica. O conjunto deve ter uma identidade económica própria e as coisas que o integram devem ter individualidade económica, independentemente do conjunto em que se inserem (cfr. artigo 204.º, n.º 1 alínea d), art. 205.º e art. 206.º, n.º 2 do Código Civil).

A <u>universalidade de direitos</u> incide sobre um complexo de coisas incorpóreas (vínculos e obrigações)[42].

Raúl Ventura[43] segue também a tese da transmissibilidade – como **património universal** – dos patrimónios das sociedades incorporadas, aduzindo sucintamente os seguintes argumentos:

a) Diz-se que existe *sucessão a título universal* quando se transmite um património (com todos os direitos e obrigações) como uma unidade, como um todo abstracto, passando dum ente para outro na sua «figuração complexiva e unitária»;

b) Sendo certo que o caso típico da sucessão universal é a sucessão *mortis causa*, não será o caso único, não se tornando assim

---

[41] In *"Tratatto teorico pratico di diritto commerciale"*, vol. I, n.º 681.

[42] Para mais desenvolvimentos, vide Cabral de Moncada in *"Lições de Direito Civil"*, ATLANTIDA, 3.º ed.º, vol. II, pag. 62; Carvalho Fernandes in*"Teoria Geral do Direito Civil"*, LEX, 2.ª ed.º, Vol I, pag. 577 e 596.

[43] Op. cit. pag. 236 e ss.

necessário equiparar a extinção da sociedade (que ocorre) ao fenómeno sucessório *mortis causa*, bastando que o legislador organize a fusão como uma <u>transmissão global do património</u>;

c) O <u>carácter universal da transmissão</u> está expresso no art. 19.º da 3.ª Directiva,[44] no n.º 4 do art. 97.º e no n.º 2 do art. 106.º, disposições que utilizam as expressões «global», «globalmente» e «transferência global do património»;

d) Só será possível negar-se a transmissão se se defender que as sociedades não se extinguem ou se se ignorar totalmente a personalidade das sociedades;

No mesmo sentido escreve HENRIQUE MESQUITA:[45]

" *...declarando-se, no art. 112.º, do CSC, que, com a inscrição da fusão no registo, <u>se extinguem as sociedades incorporadas</u> ou, no caso de constituição de nova sociedade, as sociedades fundidas, e que os direitos e obrigações das sociedades extintas <u>se transmitem</u> para a nova sociedade, deve entender-se que esta **transmissão universal** se opera sem necessidade de satisfazer ou preencher os requisitos de que a lei faça depender a transmissão singular de cada direito ou obrigação. (...).*

Se as exigências desta índole tivessem de ser cumpridas, a realização de um projecto de fusão de sociedades tornar-se-ia muitas vezes inviável. Bastaria, para tanto, que a transmissão de determinada posição jurídica, imprescindível, no entendimento dos interessados, para o sucesso da operação de reorganização empresarial projectada, carecesse do consentimento de um terceiro e este o recusasse.

*A lei pretende evitar que surjam obstáculos insuperáveis à concretização de um negócio de fusão e, precisamente com esse objectivo, estabelece que, por mero efeito do registo da fusão, <u>todo o património da sociedade ou das sociedades incorporadas ou fundidas</u> se **transmite**, **global e unitariamente** («uno actu»), para a*

---

[44] " *...a transmissão universal do conjunto do património activo e passivo da sociedade...*" (sic)

[45] In *RLJ*, ano 131.º, pág. 153; veja-se também o mesmo autor em *RLJ*, ano 128, pag. 57 e ss..

sociedade incorporante ou para a nova sociedade, sem necessidade do consentimento de terceiros que porventura seja exigido para a transmissão singular de alguma ou algumas das posições jurídicas, activas ou passivas, que integrem esses patrimónios."

Segue a mesma orientação PESSOA JORGE quando escreve:[46]

*"...embora a incorporação tenha natureza negocial, pois resulta de acto de vontade das sociedades em causa, os seus efeitos típicos (a **transferência do património** da incorporada e a transformação dos sócios desta em sócios da incorporante) decorrem da lei, como consequência, não desse acto negocial em si, mas da respectiva inscrição no registo comercial (artigo 112.º do C.S.C.). (...)*
(...)
*A transmissão do património da incorporada para o incorporante é, não só automática, mas também a **título universal**; e é esta segunda razão para não lhe ser aplicável o regime específico da transmissão de cada das relações jurídicas que integram esse património."*

Mas, quem defende a tese de que as sociedades não se extinguem, mas, *dissolvem-se* ou *transformam-se,* em princípio, nega a existência da transmissão, e muito menos, por *sucessão.*[47]

Como escreve MENEZES CORDEIRO[48], *"...as situações jurídicas antes encabeçadas pelas entidades envolvidas mantêm-se, ao longo da vicissitude, no termo desta, elas vão surgir com toda a naturalidade, na entidade resultante da fusão, sem que, qualquer alteração nelas se possa revelar."*

Todavia, o mesmo autor reconhece que a teoria da *sucessão universal* acaba por explicar o fenómeno da «transferência» de patrimónios de idêntica forma, já que, na "sucessão" a *«posição jurídica mantém-se como estática, enquanto se altera o sujeito titular (...) a sucessão implica a manutenção rigorosa da situação jurídica atin-*

---

[46] In *"Transmissão do arrendamento comercial por efeito da incorporação da sociedade arrendatária"* O Direito, ano 122.º (1990), pág. 463 e ss.

[47] Cf. PINTO FURTADO op. cit. pag. 550.

[48] Op. cit., pag. 789.

30 Fusão de Sociedades Comerciais

gida...», e ao invés na "transmissão" *«a posição transita de uma esfera jurídica para outra (...), havendo aspectos circundantes que podem ser atingidos...»*[49]

Para nós, temos reservas em aceitar as teses que ignoram que, com a fusão, as sociedades incorporadas formalmente se extinguem e que defendem que a sua personalidade se mantém, ainda que transformada.

Temos assim mais preferência pela tese que defende que, mercê da fusão as sociedades incorporadas se extinguem e que os seus patrimónios se transmitem a título universal para a sociedade resultante[50].

Esta opção porém não invalida que não nos impressionemos pelo facto de reconhecer que a sociedade *resultante* (que absorve os sócios e os activos e passivos da sociedade fundida) surge duma aglutinação entre pelo menos duas sociedades e nesta (e só nesta) perspectiva não será displicente aceitar-se que materialmente (substancialmente) ela é fruto duma *transformação* de (pelo menos) dois entes colectivos.

Realçamos por fim que, como se desenvolverá mais adiante (quando se abordar a questão do aumento de capital), a transferência universal do património da sociedade extinta para a sociedade resultante, caso acarrete aumento de capital, não pode ser tratada juridicamente como se constituísse uma *entrada* de capital.

SECÇÃO II

Formalidades para a oponibilidade a terceiros da transmissão do património

O Código das Sociedades Comerciais, ao tratar da fusão, não estabelece quaisquer formalidades especiais para tornar a transmissão de bens, direitos ou obrigações, em resultado da fusão, oponível a terceiros.

Poderia todavia tê-lo feito ao abrigo do disposto na 1.ª parte do n.º 3 do art. 19.º da já citada 3.ª Directiva.

---

[49] Ibidem, pag. 790.

[50] Vejam-se (no sentido de que a transmissão do património das sociedades extintas é automática e a título universal), entre outros, os seguintes arestos: Ac. TRL de 01-07-2003, P.º 4381/2003-7, relator PIMENTEL MARCOS; Ac. TR Guimarães, de 08--01-2003, P.º 1474/02-2, relator LEONEL SERÔDIO.

A Fusão das Sociedades em Geral — 31

Porém, como se sabe, casos há que a lei geral impõe uma particular formalidade para que determinado acto (diga-se transmissão) possa vir a ser oponível a terceiros, o que ocorre nomeadamente na transmissão de bens imóveis [*n.º 1 do art. 5.º*, conjugado com *a alínea a) do n.º 1 do art. 2.º do Código do Registo Predial*], na transmissão de quotas [*alínea c) do n.º 1 do art. 3.º*, conjugado com o *n.º 1 do art. 14.º do Código do Registo Comercial*), na transmissão de acções nominativas (art. 102.º do Código dos Valores Mobiliários), etc.

Nestes casos, a oponibilidade a terceiros do acto da fusão (através da sua inscrição no registo) será bastante para que a transmissão dos bens seja também automaticamente oponível? Ou será necessário cumprir aquelas formalidades particulares?

No nosso entender, são casos de formalidades especiais indispensáveis para produzir a oponibilidade a terceiros, as quais terão de ser cumpridas, e que deverão ser implementadas pela sociedade transmissária, conforme é expressamente previsto na 2.ª parte do n.º 3 do citado art. 19.º da 3.ª Directiva.

TÍTULO II

Efeitos da inscrição da Fusão no Registo Comercial

Como se disse anteriormente, a inscrição da fusão no Registo Comercial tem <u>natureza constitutiva</u>, contrariamente ao regime "normal" do Registo Comercial que apenas serve para dar <u>publicidade</u> e <u>oponibilidade</u> perante terceiros, presumindo-se que existe a situação jurídica registada *(art. 1.º art. 11.º e art. 14.º do C.R.C.).*

De facto, é com a inscrição da fusão no registo *(art. 112.º)* – e não com as deliberações – que se produzem os efeitos da fusão, nomeadamente, (i) a extinção das sociedades incorporadas, ou no caso de constituição de nova sociedade, de todas as sociedades fundidas, (ii) a transmissão dos direitos e obrigações (património) para a sociedade incorporante ou para a nova sociedade, (iii) a passagem dos sócios das sociedades extintas para sócios da sociedade incorporante ou da nova sociedade.

Convém reter que, tratando-se dum registo por forma de "transcrição" (como se verá adiante), a sua data é a da sua apresentação –

pedido – *(n.º 4 do art.º 55.º do C.R.Com.)*, pelo que a fusão produzirá os seus efeitos a partir da data da apresentação a registo.

E assim sendo, antes da apresentação para a inscrição do registo de fusão da sociedade incorporante ou da "nova" sociedade, tudo deverá processar-se ainda, como se as sociedades fundidas não tivessem sido extintas.

É bem de ver que a prova do registo só poderá ser efectuada após a efectivação do registo e se esta, mesmo com as novas técnicas electrónicas não for imediata, deverá bastar até lá, para quaisquer efeitos oficiais, que se demonstre (através do *print* do pedido no sítio da Internet,[51] ou de cópia do pedido de "transcrição") que se procedeu ao pedido de inscrição da fusão ao registo.

TÍTULO III

Efeitos da Fusão em certos vínculos contratuais

SECÇÃO I

No vínculo Laboral

1. Para aqueles que entendem que a fusão não acarreta qualquer *transmissão* de patrimónios, um eventual estabelecimento que tenha agregado vínculos laborais e que faça parte do património da sociedade fundida, passa a ser naturalmente encabeçado pela sociedade incorporante, sem que se revele qualquer alteração nos respectivos vínculos laborais, que se manterão *absorvidos* na sociedade «resultante».

2. Porém, para os que defendem que a fusão ocasiona a *transferência* de patrimónios, haverá que determinar o que ocorre com os contratos de trabalho de trabalhadores de estabelecimentos que façam parte do património da sociedade incorporada.

---

[51] Vide infra **PARTE I, CAPÍTULO III, TÍTULO VII, SECÇÃO I** e **SECÇÃO II.**

3. Já na vigência da LCT (Lei do Contrato de Trabalho) o n.º 1 do seu art. 37.º dispunha que:

"A posição que dos contratos de trabalho decorre para a entidade patronal transmite-se ao adquirente, por qualquer título, do estabelecimento onde os trabalhadores exerçam a sua actividade, salvo se, antes da transmissão, o contrato de trabalho houver deixado de vigorar nos termos legais, ou se tiver havido acordo entre o transmitente e o adquirente, no sentido de os trabalhadores continuarem ao serviço daquele noutro estabelecimento sem prejuízo do disposto no artigo 24".

Assim, fora dos casos onde se verificasse uma verdadeira cessão da posição contratual, que importava a modificação subjectiva na titularidade da relação jurídica com o assentimento do trabalhador, nos termos dos artigos 424.º a 427.º do Código Civil, o artigo 37.º transcrito previa que, nos casos em que existisse uma «transmissão do estabelecimento»[52], ocorria (mercê deste negócio jurídico) uma sub-rogação *ex lege*[53] ou, por outras palavras, uma «transferência da posição contratual [laboral] *ope legis*»[54] que prescindia do assentimento do trabalhador, e operava (sem necessidade da celebração de actos específicos para cada contrato) a transferência da relação jurídica emergente do seu contrato de trabalho para a esfera jurídica de uma nova entidade patronal, distinta daquela com quem o trabalhador configurou inicialmente a sua relação laboral.

Tal como se afirmava no acórdão do Supremo Tribunal de Justiça de 24 de Maio de 1995[55]:

«...consagra-se neste normativo o princípio de que a transmissão do estabelecimento não afecta, em regra, a subsistência dos contratos de trabalho, nem o respectivo conteúdo, tudo se passando, em relação aos trabalhadores, como se a transmissão não houvesse

---

[52] Prevista na directiva n.º 77/187/CEE de 14 de Fevereiro de 1997.

[53] cf. MOTA PINTO, *Cessão da Posição Contratual*, Atlântida Editora, Coimbra, 1970, p. 90.

[54] cf. PEDRO ROMANO MARTINEZ, *Direito do Trabalho*, 1.ª edição, Almedina, Coimbra, 2002, p. 682.

[55] In *Colectânea de Jurisprudência – Acórdãos do Supremo Tribunal de Justiça*, Ano III, tomo II, 1995, p. 295.

tido lugar. De facto, não ocorrendo as excepções previstas naquele preceito, a transmissão, por qualquer título, do estabelecimento onde os trabalhadores desempenham a sua actividade laborativa não influi nos respectivos contratos de trabalho, que se mantêm inalteráveis, assumindo o adquirente todos os direitos e obrigações emergentes dos contratos de trabalho celebrados com o anterior empregador.»

Mesmo no regime do art. 37.º da LCT, a doutrina já entendia pacificamente que o regime jurídico da «transmissão o estabelecimento» valia também para os casos de venda judicial ou de fusão ou de cisão de sociedades[56], sendo todavia inaplicável a estas figuras uma das excepções previstas naquele preceito e que consistia nos contratos não se transmitirem se tivesse havido acordo no sentido dos trabalhadores continuarem ao serviço do transmitente noutro estabelecimento deste. Esta excepção era obviamente inaplicável dado que a sociedade fundida ou se «extingue» (na tese de uns) ou se «transforma» (no entendimento de outros).

4. Actualmente[57], o n.º 1 do art. 318.º do Código do Trabalho (CT) dispõe que:

*"Em caso de **transmissão**, por qualquer título, da titularidade da empresa (i), do estabelecimento (ii) ...que constitua uma **unidade económica**, transmite-se para o adquirente a relação jurídica do empregador nos contratos de trabalho, dos respectivos trabalhadores, bem como a responsabilidade pelo pagamento de coima aplicada pela prática de contra ordenação laboral".*

A **unidade económica** ocorre quando existe um conjunto de meios organizados com o objectivo de exercer uma actividade económica, como se define no n.º 4 do mesmo preceito legal.

Conforme tem vindo a entender a doutrina, a **transmissão** é o acto jurídico pelo qual se transfere a propriedade duma coisa, no qual se

---

[56] Vide, entre outros, PEDRO ROMANO MARTINEZ, op. cit. pag. 684; ANTÓNIO MONTEIRO FERNANDES in *"Direito do Trabalho"*, Almedina, 10.ª ed.º, pag. 236.

[57] Veja-se com interesse histórico a Directiva n.º 77/187/CEE, de 14 de Fevereiro e a alínea a) do n.º 1 do art.º 1.º da Directiva 2001/83/CE.

A Fusão das Sociedades em Geral   35

inclui, entre outros, o acto de *fusão*[58], pelo qual a sociedade incorporante mantém em funcionamento a unidade económica que pertencia à sociedade "fundida" *[vide al.ª a) e b) do n.º 1 do art. 1.º da Directiva 2001/83/CE]*.

O regime de transmissão do estabelecimento assenta, pois, na concepção de empresa como comunidade de trabalho, com vida independente da dos seus titulares, e corresponde, no plano do direito laboral, à efectiva concretização do princípio da conservação do negócio jurídico[59].

É dominante a orientação na jurisprudência[60] que a posição laboral que se transmite, que tanto é a devedora, como a credora, é uma transmissão global de direitos e obrigações que opera também quanto à **fusão** ou cisão de sociedades comerciais *(artigos 112.º, alínea a), e 120.º)*.

5. O transmitente e o adquirente (da *empresa*, ou do *estabelecimento*[61]) devem, antes da transmissão, informar por escrito os representantes dos trabalhadores, ou na falta destes, os próprios trabalhadores, da data e dos motivos da transmissão e das medidas projectadas em relação a estes (*n.º 1 do art. 320.º do C.T*).

---

[58] Cf. Mário Pinto/Furtado Martins/Nunes de Carvalho in *"Comentários às Leis de Trabalho"*, vol. I, pag. 178; Paula e Helder Quintas In *"Código do Trabalho"* Almedina, 3.ª ed.º, pag. 633 e ss., Costa Abrantes in *"A Transmissão do Estabelecimento Comercial e a Responsabilidade pelas Dívidas Laborais"*, QL, Ano V, II, 1998, pags. 29 e ss.

[59] Cf. José Maria Rodrigues da Silva, «Modificação, Suspensão e Extinção do Contrato de Trabalho», *Direito do Trabalho*, B.M.J., Suplemento, Lisboa, 1979, p. 195.

[60] Entre outros, vide, Ac. do STJ de 28/03/07 P.º n.º 06S3546, relator Pinto Hespanhol; Ac. do TRC de 07-04-2005 P.º n.º 438/05 relator DR. Fernandes da Silva; Ac. TRC de 23-03-2006 P.º n.º 372/06 relator DR. Fernandes da Silva; Ac. TRL de 07-06-2006, P.º n.º 4181/2006-4 relator Isabel Tapadinhas; Ac. TRC de 2005.04.07 relator Dr. Fernandes da Silva in JURINFOR, Jurisprudência e Doutrina;

[61] Conceitos jurídicos, que hoje já se encontram inseridos na redacção da actual lei laboral, cuja polémica sobre a sua distinção, não abordaremos por extravasar o propósito deste trabalho. Para desenvolvimento deste tema pode consultar-se Coutinho de Abreu in *"Da Empresarialidade – as Empresas no Direito"*, Colecção Teses, Almedina, 1998; Bernardo da Gama Lobo Xavier, in *"Curso de Direito de Trabalho"* Verbo, pag. 200 e ss..

6. Pelo menos 10 (dez) dias depois (mas sempre antes da transmissão), deverão ser consultados os representantes dos trabalhadores no sentido de se obter um acordo sobre as medidas a tomar em relação aos trabalhadores, resultantes da transmissão *(n.º 2 e n.º 3 do art. 320.º do C.T.)*

7. Faz-se porém notar que o eventual incumprimento destas obrigações não afecta a transmissão do estabelecimento e muito menos impede a fusão e a consequente transmissão (para a sociedade incorporante) do património de que aquele faz parte (para quem, defende a tese da «transmissão universal»), porquanto apenas integra um mero ilícito contra-ordenacional leve, previsto no n.º 2 do art. 675.º do CT, punível com coima *(art. 614.º do CT)*, cujos limites mínimos e máximos estão consagrados no n.º 2 do art. 620.º do CT.

8. Finalmente, convirá esclarecer-se que estas medidas de protecção dos trabalhadores dos estabelecimentos que fazem parte do património da sociedade incorporada, não devem ser dispensadas no caso de "fusão",[62] com o argumento de que, constituindo estes trabalhadores reais ou potenciais credores da sociedade incorporada, já verão os seus eventuais créditos assegurados, através das medidas legalmente consagradas no processo institucionalizado da "fusão" *(cf. art. 101.º, 101.º-A e 101.º-B)*.

Com efeito, no nosso entender, o cumprimento das obrigações constantes do art. 320.º do CT, visa assegurar a manutenção dos direitos dos trabalhadores (sejam ou não estes, direitos de crédito, estejam ou não vencidos), o seu bem estar e fundamentalmente a clareza de procedimentos que é salutar nas relações laborais, esclarecendo-se as causas e as bases da operação comercial, e as medidas que se preconizam para preservar aqueles direitos.

Ao invés, as medidas previstas no art. 101.º e ss. do CSC pretendem acautelar apenas os direitos de crédito vencidos de credores da sociedade incorporada, entre os quais obviamente se poderão contar os seus trabalhadores.

São medidas diferentes; estas, quanto a nós, não substituem ou dispensam as outras.

---

[62] Em sentido contrário, vide RAÚL VENTURA op. cit. pag. 257.

SECÇÃO II

No vínculo arrendatício

SUB-SECÇÃO I
Para Fins não habitacionais

1. Os vínculos jurídicos resultantes de contratos de arrendamento urbano para fins não habitacionais celebrados pela(s) sociedade(s) que se "extingue(m) em resultado da "fusão", transmitem-se licitamente para a sociedade *resultante*.

Primo, encarando apenas o regime privativo do direito locatício dir-se-ia que os estabelecimentos comerciais com os seus respectivos vínculos arrendatícios que façam parte do património da sociedade incorporada[63] transmitir-se-iam *in tottum* para a sociedade incorporante, sem necessidade de consentimento prévio do locador, pois seria operação que integraria a noção de trespasse admitida por lei *[cf. alínea a) do n.º 1 e n.º 2 do art. 112.º do C.C.].*

Mas, não será bem assim, porquanto não se pode confundir a figura do "trespasse" com a da "fusão", que são realidades bem distintas; aquela acarreta a *transmissão* do estabelecimento e esta acarretará, no entendimento duma corrente, a transmissão por *sucessão universal* do património da sociedade incorporada, do qual poderá eventualmente fazer parte um estabelecimento comercial, ou, segundo outra orientação, acarretará a mera *"dissolução"* ou *"transformação"* da sociedade incorporada e portanto sem *"alienação"* do estabelecimento, já que tudo se passará como uma mera *«sub-rogação da "sociedade contribuidora" pela "sociedade beneficiária"»*[64].

A desnecessidade do consentimento do senhorio resulta assim da própria natureza da fusão, ou porque se entende que esta traduz uma mera

---

[63] Como realça MENEZES CORDEIRO *"...o estabelecimento, para além dos direitos reais relativos a coisas corpóreas, envolve posições contratuais, seja o direito ao arrendamento, seja o contrato de trabalho..."* in *"Estudos em Homenagem ao Prof. INOCÊNCIO GALVÃO TELES",* Vol. IIII, pag. 413.

[64] Entre outros, veja-se PINTO FURTADO in *"Manual do Arrendamento Urbano"*, Almedina, 2.ª ed.º, pag. 578

transformação ou **dissolução** (sem liquidação e partilha) da sociedade incorporada, não ocorrendo por conseguinte qualquer transmissão de património (diga-se estabelecimento), ou para aqueles que defendem que a sociedade incorporada se extingue, por ocorrer **sucessão** que se faz *a título universal*, por conseguinte, sem possibilidade de oposição de terceiros.

É esta última a posição doutrinária da maioria dos autores, entre os quais, HENRIQUE MESQUITA, que escreve:[65] *"...se com a inscrição da fusão no registo, se extinguem as sociedades incorporadas (ou, no caso de constituição de nova sociedade, as sociedades fundidas), e se os direitos e obrigações das sociedades extintas se transmitem para a nova sociedade, deve entender-se que esta transmissão universal se opera sem necessidade de satisfazer ou preencher os requisitos de que a lei faça depender a transmissão singular de cada direito ou obrigação (...)".*

A transmissão do património da incorporada para o incorporante, segundo este autor, seria não só automática, mas também *a título universal*; e é esta mais uma razão para não lhe ser aplicável o regime específico da transmissão de cada uma das relações jurídicas que integram esse património.

É este o entendimento hoje também dominante na jurisprudência[66].

2. Do mesmo modo é dispensada qualquer anterior comunicação ao locador para o exercício do direito de preferência, o qual nem sequer lhe é conferido no caso de trespasse de estabelecimento em resultado de fusão, dado que esse direito foi limitado apenas aos casos de trespasse por venda ou dação em cumprimento *(cf. n.º 4 do art. 112.º do C.C.).*

---

[65] In *RLJ*, ano 131.º, pág. 153.

[66] Cf. entre outros, Ac. TRL de 18-05-2006, P.º 305/2006-6, Relator Ferreira Lopes; Ac. do STJ de **18**-01-83, BMJ n.º 323 Ano 1983 Pag 380; Ac. do STJ de 06--12-2006, P.º n.º 06B3458, n.º doc. SJ200612060034587, relator OLIVEIRA BARROS; Ac. TRL de 01-07-2003, P.º 4381/2003-7, relator Pimentel Marcos); Ac. do TR Guimarães de 08-01-2003, P.º 1474/02-2, relator LEONEL SERÔDIO; Ac. da RL (Sousa Magalhães), de 1997.04.17, Col. Jurisp., 2.º, pag. 105; Ac. do TRC (Virgílio de Oliveira), de 1995.02.21, Col. Jurisp. (A.S.F.), 1995, I, pág. 46; Ac. TRL (Pimentel Marcos), de 2003.07.01, in Col. Jurisp. 2003, Tomo IV, pág. 73.

A Fusão das Sociedades em Geral 39

3. O que significa que, no nosso entender[67], para tornar eficaz esta transmissão, essas sociedades estão obrigadas a dar cumprimento à alínea g) do art. 1038.º e n.º 3 do art. 1112.º, do Código Civil, ou seja, a comunicar ao locador a realização da "fusão", no prazo de 15 dias contados da data da efectivação do registo comercial do acto, sob pena do senhorio ficar investido no direito de resolver o contrato, ao abrigo da alínea f) do n.º 1 do art. 64.º do Regime do Arrendamento Urbano (RAU),[68], ou da alínea e) do n.º 2 do art. 1083.º do Código Civil, consoante o diploma que se aplicar ao caso concreto.

SUB-SECÇÃO II

Para Fins Habitacionais

E *quid juris* quanto às consequências da fusão nos arrendamentos urbanos para fins habitacionais celebrados pela sociedade incorporada (v.g. locais arrendados para alojar clientes colaboradores ou quadros da sociedade)?

Da jurisprudência consultada não se encontraram arestos que contemplassem a situação (reconhece-se, pouco frequente) dos efeitos da fusão nos contratos de arrendamento para fins habitacionais titulados pela sociedade incorporada, pelo que orientação jurisprudencial supra referida, pese embora ser formulada de forma genérica para as consequências da efectivação da fusão nos arrendamentos urbanos, sustenta-se sempre (tanto quanto foi dado apurar-se) na situação factica dos arrendamentos urbanos para fins não habitacionais.

Sem se pretender aqui fazer incursão pelo tema (complexo do direito locatício)[69] das consequências da extinção das pessoas colectivas nos arrendamentos para fins habitacionais (dependente da interpretação que

---

[67] Que acompanha a maioria da posição da doutrina e da jurisprudência, (vide jurisprudência citada na nota de rodapé anterior), a qual todavia não é pacífica. No sentido da desnecessidade de comunicação ao senhorio, vide Ac. TRC de 24/06/97 in *RLJ* ano 131, pag. 147 e ss.

[68] Aprovado pelo Dec-lei n.º 321-B/90 de 15 de Outubro.

[69] Para maior desenvolvimento veja-se Pinto Furtado in *"Manual do Arrendamento Urbano"*, ALMEDINA, 2.ª ed.º, pag. 690 e ss.

40   *Fusão de Sociedades Comerciais*

for adoptada do art. 1106.º do Código Civil) dir-se-á apenas que, no nosso entender, a situação destes arrendamentos, na sequência da fusão, seguirá regime idêntico ao dos restantes arrendamentos urbanos, ou seja, mantém-se na titularidade da sociedade incorporante, ou porque fazem parte do acervo duma «sucessão universal», ou porque, nem sequer se transmitiram em virtude do seu titular (sociedade incorporada) não se ter «extinguido» verdadeiramente, por apenas se ter «transformado» ou «dissolvido».

TÍTULO IV

Efeitos da Fusão na Responsabilidade Penal

A problemática da manutenção, ou da extinção, na sociedade *resultante* (em resultado da fusão) da responsabilidade penal ou contra-ordenacional preexistente na sociedade fundida, só se colocará como consequência das teorias que defendem que, mercê da fusão, a sociedade incorporada se extingue.

Para quem entende que a fusão apenas acarreta a *transformação* da sociedade, a questão não se põe.

Na generalidade dos sistemas jurídicos, reconhece-se às pessoas colectivas uma responsabilidade de direito público, na qual se inclui ou pode incluir a criminal, embora só para hipóteses que fortes razões pragmáticas aconselhem a sujeitar a essa disciplina.

A regra geral, portanto, e no campo do direito criminal, é a de que só as pessoas físicas ou singulares são passíveis de responsabilidade criminal; porém, excepcionalmente, pode haver razões pragmáticas que aconselhem outra solução. Por isso se considerou necessário ressalvar eventuais disposições em contrário, em que a lei pode mandar punir pessoas colectivas, cabendo-lhes então normalmente penas pecuniárias ou medidas de segurança.

A responsabilização criminal da pessoa humana é norteada pela ideia de <u>culpa</u> na violação do bem jurídico, ao passo que a responsabilização criminal da pessoa colectiva é norteada <u>pela actividade ou omissão ilegal na prossecução dos seus fins</u>, com implicações nefastas para a realidade social onde se encontra estruturada. De acordo com

A Fusão das Sociedades em Geral 41

alguma jurisprudência, «a responsabilização criminal de pessoas colectivas resulta de uma "ficção de culpa" estabelecida excepcionalmente e em diplomas avulsos»[70].

A par desta construção foi-se criando o direito de mera ordenação social elaborado a partir da verificação de que se mostrava inadequado reprimir a afectação de certos interesses administrativos com penas criminais, uma vez que, dada a natureza de tais interesses, não faria sentido falar-se em culpa fundada eticamente, mas apenas em censura social que exprima a ideia de uma advertência de que está ausente o pensamento de qualquer mácula ético-social.

Nesta perspectiva, conforme escreve EDUARDO CORREIA[71]: «uma coisa será o direito criminal, outra coisa, o direito relativo à violação de uma certa ordenação social, a cujas infracções correspondem reacções de natureza própria. Este é, assim, um "quid" que, qualitativamente, se diferencia daquele, na medida em que o respectivo ilícito e as reacções que lhe cabem não são directamente fundamentáveis num plano ético-jurídico, não estando, portanto, sujeitas aos princípios e corolários do direito criminal»

Convém desde já reter que uma coisa é a responsabilidade criminal das pessoas colectivas e outra a responsabilidade criminal dos órgãos daquelas, nos termos do art. 12.º do Código Penal.

Ora, a "morte" como causa de extinção da responsabilidade criminal prevista no artigo 127.º do Código Penal, não equivale à dissolução da pessoa colectiva, como causa da sua extinção, já que a "morte" é uma realidade biológica, produtora de efeitos jurídicos, em que por ser intransmissível a responsabilidade criminal, a mesma fica totalmente apagada.

Mas a dissolução da pessoa colectiva, é um conceito jurídico de extinção desta, que não exclui a responsabilização da mesma, por actos praticados na sua vida jurídica.

---

[70] Vide Ac. TRE de 02-05-2006, P.º 394/06-1, relator PIRES DA GRAÇA.

[71] In «Direito Penal e Direito de mera Ordenação Social», in Boletim da Faculdade de Direito, vol. XLIX (1973), pp. 257-281; sobre a génese histórica do direito de mera ordenação social, cf. FARIA COSTA in «A importância da recorrência no pensamento jurídico. Um exemplo: a distinção entre o ilícito penal e o ilícito de mera ordenação social», in Revista de Direito e Economia, ano IX, N.º 1 e N.º 2, Janeiro-Fevereiro de 1983, pp. 3-51.

Com efeito, em sede contra-ordenacional e relativamente a situações de fusão, o Supremo Tribunal de Justiça fixou já Jurisprudência no sentido de que "a extinção, por fusão, de uma sociedade comercial com efeitos do artigo 112.º alíneas a) e b), do Código das Sociedades Comerciais, não extingue o procedimento por contra-ordenação praticada anteriormente à fusão nem a coima que lhe tenha sido aplicada.[72]"

Em sede criminal, a maioria da jurisprudência[73] também tem entendido que o procedimento criminal não se extingue com a extinção da pessoa colectiva, em resultado da fusão, já que inexiste identidade analógica entre a morte inerente à pessoa singular e, a dissolução de pessoa colectiva, para que possa fazer-se uma interpretação extensiva.

Na realidade, tem-se entendido que a assimilação, a extensão ou a equiparação da noção de "morte", exclusiva (na natureza e na configuração directamente normativo-jurídica) das pessoas singulares, às formas de extinção das pessoas colectivas para os efeitos de determinar a aplicabilidade do Código Penal, só poderá ter lugar se e enquanto puder compreender-se e ser pensada nos critérios e instrumentos metodológicos do pensamento analógico.

A extinção de uma pessoa colectiva diversamente, por ser uma criação instrumental do direito, pode não determinar, por si mesma, que nada de si permaneça, continuando alguma substância afecta ao desempenho, ainda, sob uma outra perspectiva jurídico-funcional, das finalidades da pessoa colectiva que foram a sua razão de ser.

Em suma, a jurisprudência tem entendido que a "morte", como categoria da natureza com relevância normativo-jurídica, é conatural ao homem; as pessoas colectivas, como tal, não estão tocadas pelo momento da "morte", que faz cessar a personalidade da pessoa singular (artigo 68.º n.º 1, do Código Civil); as pessoas colectivas, neste sentido, não "morrem", embora, como entidades com existência determinada por actos de vontade de criação e de extinção, possam extinguir-se, deixando, então, de ser construções instrumentais do homem para agirem com centros autónomos de imputação de direitos e deveres.

---

[72] Acórdão para Fixação de Jurisprudência n° 5/2004 de 02/06/2004, publicado no Diário da República, n.º 141, Série I-A de 21/06/2004; no mesmo sentido vide Acórdão da Relação de Coimbra, (Fernandes da Silva), de 2003.02.13, in Colectânea de Jurisprudência – 2003, I, pág. 57; Acórdão da Relação de Coimbra, (Serra Leitão), 2002.01.31, in Colectânea de Jurisprudência 2002, 1.º, página 62.

[73] Vide, entre outros, Ac. TRE de 02-05-2006, P.º n.º 394/06-1, relator PIRES DA GRAÇA;

CAPÍTULO III

Tramitação

TÍTULO I

Projecto de fusão[74]

SECÇÃO I

Formalidades

1. O primeiro passo a dar é a elaboração, <u>em conjunto</u>, por parte das administrações das sociedades que pretendam fundir-se, dum **único** <u>Projecto de fusão</u>[75], <u>com a assinatura dos membros de **todos** os órgãos de administração</u> «donde constem os elementos necessários para o perfeito conhecimento da operação, tanto no aspecto jurídico, como no aspecto económico» (*n.º 1 do art. 98.º*).

2. Poderá equacionar-se se o projecto deverá ser assinado por <u>todos</u> os membros da administração da cada uma das sociedades envolvidas, ou apenas pelo número suficiente de membros da administração que possam vincular a sociedade.

Raúl Ventura segue o entendimento de que o Projecto deverá ser assinado por todos os membros, porque a lei diz que o Projecto será elaborado «pelas administrações»[76].

Não nos parece que a lei imponha tal exigência, pois, no nosso entender, o que se torna necessário é que o Projecto seja <u>assinado</u> pelo número necessário de membros da administração (se a administração for plural) para que a sociedade se encontre validamente vinculada.

---

[74] Vide a final no **Anexo I**, uma minuta de "**Projecto**" de fusão por incorporação.

[75] Acarretando a "fusão" um fenómeno de *concentração de empresas* (vide supra PARTE I, CAPÍTULO I, TÍTULO I), na fase que antecede o estudo do "Projecto de Fusão", convirá verificar-se se a operação não é vedada por lei, se está sujeita ao controle preventivo (pela Autoridade da Concorrência) face ao disposto no regime da Lei n.º 18/2003 de 11 de Junho, alterada pelo dec-lei n.º 21972006 de 2/11, no dec--lei n.º 370/93 de 29/10, alterado pela Lei n.º 3/99 de 13/01, no Regulamento (CE) n.º 139/2004 e no Regulamento (CE) n.º 1/2003 do Conselho de 16 de Dezembro.

[76] Loc. cit. pag. 62.

44   *Fusão de Sociedades Comerciais*

E a apositura das assinaturas da administração para vincular a sociedade, deve cumprir o formalismo exigido para a vinculação em cada tipo de cada sociedade (cf. *n.º 4 do art. 260.º*; *n.º 4 do art. 409.º*).

3. E assim sendo, caso a administração seja plural e o Projecto não seja assinado por <u>todos</u> os membros da administração (v.g. composição de 7 membros e vinculação por 3), deverá ser precedido duma deliberação da administração produzida em conformidade com as disposições legais aplicáveis necessárias para a eficácia e validade da respectiva deliberação a aprovar a subscrição do projecto elaborado.

4. A lei não exige que essas assinaturas sejam reconhecidas, <u>mas, obviamente exige que elas correspondam à dos administradores.</u>
Como o Projecto tem que ser assinado pelas administrações das sociedades intervenientes, <u>e terá de ser registado, antes dos sócios sobre ele se pronunciarem</u>[77], o cumprimento deste formalismo terá de ser atestado por alguma das entidades a quem genericamente compete zelar pelo cumprimento da Lei, *in casu,* o Conservador do Registo Comercial (já que a obrigatoriedade da intervenção do Notário foi dispensada), pelo que, não sendo fisicamente possível que o Conservador possa atestar se as assinaturas apostas no Projecto correspondem às assinaturas dos administradores, aconselha-se, no propósito de estripar eventuais obstáculos na fase do registo, que as assinaturas dos administradores subscritores do Projecto, <u>sejam reconhecidas</u> <u>nessa qualidade</u> e <u>com poderes para o acto</u> (caso a administração seja plural e o Projecto não tenha sido subscrito por todos os membros da administração).

SECÇÃO II

Conteúdo do Projecto

O Projecto, de acordo com o *art. 98.º* deve conter, entre outros elementos:

a) A modalidade, os motivos, as condições e os objectivos da fusão, relativamente a todas a sociedades;

---

[77] Cf. *infra* **PARTE I, CAPÍTULO III, TÍTULO III.**

b) A firma, sede, montante do capital, o número e data da inscrição do registo comercial de cada uma das sociedades intervenientes;

c) A **participação**[78] que alguma das sociedades tenha no capital da outra interveniente na operação da fusão;

NOTAS:

I. Se do património a transferir da sociedade incorporada fizerem parte participações sociais no capital de outras sociedades (**não intervenientes na fusão**), haverá que cumprir as regras legais ou estatutárias que forem aplicáveis, quer as limitativas da transmissão dessas participações, quer as referentes a pactos de preferência, obtendo-se previamente (dessas sociedades) os consentimentos, ou recusas que se tornarem necessários, ou as decisões (dos titulares) do exercício, ou não, dos direitos de preferência.

Esta orientação não é pacífica, pois poderá objectar-se dizendo que fazendo essas participações parte dum património que se transmitirá a título universal, elas transmitir-se-iam *ope legis*, sem necessidade de comunicações ou consentimentos de terceiros.

Idêntica objecção ainda mais enfatizada se poderá fazer, optando-se pela tese de que a fusão não acarreta qualquer «transmissão de património» (que seria condição *sine qua non* para o exercício dos direitos de consentimento, recusa, ou preferência), mas uma mera *transformação* de sociedade, que se subroga nos direitos da incorporada que perde a sua *individualidade*.

Parece-nos[79] que neste caso, quer os princípios da *sucessão universal*, como as da *transformação,* terão de dar preferência às disposições contratuais ou legais limitativas da transferência de participações sociais ou que estabeleçam pactos de preferência nessa transmissão, já que nenhuma daquelas teses defende que, com a fusão, as participações sociais (que a sociedade incorporada possua no capital de sociedades terceiras) não mudam a sua titularidade para a sociedade incorporante, e por conseguinte que não se verifica o pressuposto que «exige» a necessi-

---

[78] As situações das "participações sociais" *entre* as sociedades intervenientes são desenvolvidas adiante, na **PARTE II, SITUAÇÕES PARTICULARES**.

[79] Seguimos assim de perto a orientação de RAÚL VENTURA in op. cit. pag. 242 e ss.

dade do pedido de consentimento ou que «confere» o exercício do direito de preferência.

Convém realçar que este entendimento não faculta a crítica que ele porá em crise as conclusões das teses anteriormente expostas sobre a natureza da fusão, admitindo-se agora e em contradição com elas, que terceiros possam obstaculizar à operação uniforme e global de que a fusão é expoente, sobrepondo-se a esta um regime específico aplicável á transmissão de certos bens.

Primo, do que se trata é de não retirar a terceiros os direitos (a prestar ou a negar o consentimento e a exercer a preferência) que a lei ou o contrato lhes conferiu, já que eles atendem aos interesses superiores do direito de escolha da "individualidade" do sócio, cuja ética jurídico--social impõe que não seja postergado.

Secundo, a fusão não é impedida pelo exercício daqueles direitos, já que, se for negado o consentimento, a sociedade terá obrigação de[80] amortizar, adquirir ou de fazer adquirir as participações sociais e se for exercido o direito de preferência, a sociedade, do património a incorporar, substituirá as participações sociais pela respectiva contrapartida financeira.

Tertio, convém também não olvidar que a falta de consentimento acarreta tão só a ineficácia do acto perante a sociedade.[81]

II. A obtenção destas decisões *terá*[82] de constituir <u>questão prévia</u> à elaboração do Projecto de fusão, porquanto deste e do respectivo Balanço que constitui seu Anexo, deverá já constar se do património a transmitir

---

[80] Cf. *n.º 1 e n.º 4 do art. 231.º e alínea c) do n.º 3 do art. 329.º.*

[81] Cf. *n.º 4 do art. 182.º e n.º 2 do art. 228.º.*

[82] Em primeira análise poderia parecer que não seria obrigatório que estas decisões "*tivessem*" de constituir uma questão prévia, com o argumento de que se as participações sociais que tivessem sido mencionadas no Balanço da sociedade incorporada viessem a ser substituídas por contrapartida financeira, na assembleia que viesse a discutir o Projecto de Fusão, teria simplesmente de se mencionar essa alteração, decidindo então os sócios se deveriam manter o Projecto, ou, ao invés, não o aprovar, sugerindo a sua renovação (cf. *n.º 2 do art. 102.º*). Todavia, o argumento não colhe para todas as situações em que essa alternativa não é possível, por ser dispensada a realização de assembleias gerais, ou melhor, a deliberação de sócios, como ocorre quando a sociedade incorporante já detém a totalidade do capital social da sociedade incorporada (vide *infra* **PARTE II, CAPÍTULO VI**).

A Fusão das Sociedades em Geral 47

(pela sociedade incorporada) se mantém uma participação social (no caso de ter sido prestado o consentimento ou não ter sido exercido o direito de preferência), ou ao invés, se foi substituída pelo respectivo valor (no caso de não ter sido prestado o consentimento, ou de ter sido exercido o direito de preferência e a participação social tiver sido adquirida por terceiro, pela sociedade, ou tiver sido amortizada).

Os documentos (actas/cartas/contratos) que formalizam os consentimentos (recusas/amortizações/aquisições), ou o não exercício dos direitos de preferência, «deverão» constituir também Anexos do Projecto, já que se integram no conceito de *"elementos necessários para o perfeito conhecimento da operação"*, os quais deverão poder ser analisados por sócios e credores.

   d) Os **balanços** (i) do último exercício desde que tenham sido encerrados nos 6 meses anteriores à data do projecto, ou (ii) reportados a uma data que não anteceda o 1.º dia do 3.º mês anterior à data do projecto *(n.º 2 do art. 98.º)* das sociedades intervenientes donde constem os valores (do activo e do passivo) que se transferem para a sociedade incorporante ou para a nova sociedade;

NOTAS:

I. A primeira questão que se suscita é a de saber se os Balanços, fazem ou não parte do Projecto, ou seja, se constituem ou não Anexos a este. A questão não é displicente, porque da resposta que for dada, se concluirá se terão ou não de ser aprovados, e fiscalizados, constituindo nesta hipótese meros elementos de consulta (pelos sócios e credores).

A redacção do *n.º 1 do art. 98.º* conjugada com a da sua *alínea e)*, faculta o entendimento de que o legislador considerou os Balanços como fazendo parte do Projecto, quando se estipula que:

   "As administrações... elaboram ... um projecto de fusão donde constem, além de outros elementos..., os seguintes elementos:
   (...)

   e) *O Balanço de cada uma das sociedades intervenientes...*
   (...)

48   *Fusão de Sociedades Comerciais*

Esta convicção é corroborada pela redacção do *n.º 1 do art. 99.º*, no qual se determina que:

> *"A administração ...deve comunicar-lhes o projecto de fusão e seus <u>anexos</u>..."*

Porém, pela leitura do *art. 101.º*, já pode pôr-se em causa este entendimento, quando se consagra que:

> *"... os sócios ...têm o direito de consultar... os seguintes documentos:*
>
> **a)** *Projecto de fusão;*
> **b)** *Relatórios e pareceres;*
> **c)** *Contas, relatórios dos órgãos de administração, relatórios e pareceres dos órgãos de fiscalização e deliberações de assembleias gerais, e deliberações de assembleias gerais sobre essas contas, relativas aos três últimos exercícios.*

Ou seja, de acordo com a redacção deste preceito, as Contas, os Balanços, são referidos na alínea c) e o Projecto é mencionado em separado, na alínea a), metodologia que parece dar a entender que o legislador não considerou incluídos no Projecto, os Balanços das sociedades intervenientes (dos últimos três exercícios).[83]

Estamos em crer que este entendimento é demasiadamente linear, devendo a leitura deste preceito ser devidamente adaptada ao sentido dos outros anteriormente citados.

Vejamos:

Quando a 3.ª Directiva no seu art. 11.º tratou do direito de consulta de certos documentos pelos accionistas e credores, a referência ao Balanço contabilístico [reportado a uma data que não antecedesse o primeiro dia do terceiro mês anterior à data do Projecto] elaborado *ad hoc* [caso o do último exercício, tivesse sido encerrado há mais de seis meses], constava da sua alínea c), enquanto a menção ao Projecto constava da alínea a) e as Contas dos três últimos exercícios eram referidas na alínea b) do dito art. 11.º.

---

[83] Julgamos ser este o entendimento que RAÚL VENTURA defende a dado passo (cf. op. cit. pag. 71), mas que nos parece todavia ser afastado mais à frente (cf. op. cit. pag. 77).

Assim, na redacção da Directiva, o Balanço *ad hoc,* o Projecto e as Contas dos últimos três exercícios eram três realidades diferentes, três tipos distintos de documentação para consulta, parecendo assim que do Projecto não fazia parte o Balanço *ad hoc*, nem os restantes Balanços.

Todavia, esta redacção não transitou para o *art. 101.º* (que se reporta também à consulta de documentos e que corresponde ao art. 11.º da Directiva), já que na sua *alínea c)* omite-se a referência ao Balanço *ad hoc* a qual só surge mencionada, não neste *art. 101.º*, mas no *art. 98.º* (disposição que se refere ao Projecto e elenca – nas suas alíneas – os *«elementos»* que fazem parte deste), e somente após a redacção que lhe foi dada pelo art. 2.º do dec-lei n.º 76-A/2006, que introduziu uma nova redacção ao n.º 2 deste artigo, referindo-se a sua alínea a) ao Balanço do último exercício e a sua alínea b) ao Balanço *ad hoc.*

Logo, o Balanço do último exercício e o Balanço *ad hoc* surgem referidos com tratamento unitário no *n.º 2 do art. 98.º* (que se reporta aos "elementos" do Projecto), tendo neste passo o legislador esclarecido que estes constituem o Balanço mencionado na *alínea d) do n.º 1* desse preceito, o qual, por força do n.º 1 *in fine* do mesmo *art. 98.º*, é, entre outros, um dos *«elementos»* do Projecto.

Finalmente cumpre realçar que estes Balanços, em relação aos restantes, têm de obedecer a uma especificidade própria, pois deles *deverão* constar «o valor do activo e do passivo a transferir para a sociedade incorporante ou para a nova sociedade» [cf. *alínea d) "in fine" do n.º 1 do art. 98.º*].

Em suma, pelo exposto, é nosso entendimento que dos Balanços a que se refere a *alínea c) do art. 101.º*, não faz seguramente parte o Balanço (que não anteceda o primeiro dia do terceiro mês anterior à data do Projecto) elaborado *ad hoc* para o efeito, caso o do último exercício, tenha sido encerrado há mais de seis meses.

E, não faz parte, não só porque a redacção do preceito a ele não se refere, como porque o dito Balanço *ad hoc* não se reportará exactamente ao último exercício, já que irá contemplar parte dum exercício ainda não encerrado (porquanto o último terá sido encerrado há mais de seis meses).

Temos assim para nós que o Balanço *ad hoc* referido na *alínea b) do n.º 2 do art. 98.º* não faz parte dos Balanços mencionados na alínea *c) do art. 101.º*, constituindo aquele por conseguinte um Anexo ao Projecto.

50 *Fusão de Sociedades Comerciais*

E assim sendo, a nosso ver, não faz sentido que o Balanço do último exercício, se tiver sido encerrado há menos de seis meses, que dispensará a elaboração do Balanço *ad hoc*, não constitua do mesmo modo um Anexo ao Projecto, um daqueles a que se reporta o *n.º 1 do art. 99.º* e que será objecto de aprovação (se não o tiver sido antes da deliberação sobre a fusão) e do exame do órgão de fiscalização e do ROC.

Quanto aos demais Balanços e Contas (dos restantes últimos três exercícios), esses sim, por não constituírem Anexos ao Projecto serão apenas objecto de consulta, pelos credores e sócios.

II. Se a indicação expressa dos valores (do activo e do passivo) que hão-de ser transferidos, contabilisticamente não poder ser autonomizada no Balanço (o que poderá vir a ocorrer, v.g., no caso em que se utilize o último Balanço aprovado, no qual não surgem esses valores), deverá então essa indicação ser identificada no Projecto, em cumprimento desta alínea, em forma de "projecto numérico", onde aparecem os valores reais (das participações sociais em cada um das sociedades intervenientes) sobre os quais se baseará a relação de troca.

III. Os Balanços que constituem Anexos ao Projecto, e portanto fazem parte deste (não sendo portanto meros documentos de consulta), se não tiverem sido aprovados (o que ocorrerá nomeadamente no caso de elaboração de Balanço *ad hoc*), são por "arrastamento" também aprovados na assembleia que aprovar o Projecto de fusão[84].

IV. Se for possível registar a fusão sem prévia deliberação dos sócios,[85] aconselha-se que se aproveite este item para se esclarecer, ou que os balanços já foram aprovados, ou, se ainda o não foram (por terem sido especificamente elaborados para o efeito, ou por ainda não ter ocorrido a deliberação de aprovação, apesar de terem sido encerrados há menos de seis meses), que não se torna necessária deliberação de sócios apenas com essa ordem de trabalhos, por se entender que ela é automa-

---

[84] Vide *infra* **PARTE I, CAPÍTULO III, TÍTULO IV, SECÇÃO III "Objecto de outras Deliberações"**.

[85] O que poderá verificar-se nos casos de **"Incorporação de sociedade totalmente pertencente a outra"** (vide *infra* **PARTE II, CAPÍTULO VI**).

ticamente dispensada com a dispensa da deliberação dos sócios sobre o Projecto.

e) As partes, acções ou quotas a atribuir aos sócios da sociedade a incorporar e se as houver, as quantias a atribuir aos mesmos sócios, especificando-se **as relações de troca** das participações sociais;

NOTAS:

I. Os interesses de todos os sócios (da sociedade incorporante e da sociedade incorporada) devem ser acautelados, utilizando-se os valores reais das suas participações em cada uma das sociedades, de molde a que cada um fique (depois da fusão) com participações sociais do mesmo valor (real) que antes da fusão possuíam. Por isso, a lei exige [vide infra alínea **m**)] que fiquem explícitos os métodos ou critérios que presidiram aos cálculos da "relação de troca".

Os critérios de valoração do património de todas as sociedades têm de ser uniformes sob pena de se desvirtuar a relação de troca.

Logo, em resultado da fusão, os sócios da sociedade incorporante não devem ficar com participações sociais de valor (real) inferior ao que antes da fusão possuíam e os sócios da sociedade incorporada não deverão ficar a deter participações de valor (real) superior ao que anteriormente possuíam[86].

II. Esses métodos não podem violar as regras legais exigidas para a formação do capital das sociedades, ou seja, se o passivo for superior ao activo, a fusão só será possível após a medida de redução de capital, ou a utilização de qualquer outra medida que obtenha o mesmo efeito.[87]

---

[86] Vide infra Nota de rodapé seguinte, o exemplo dado em (**iii**), citado por RAÚL VENTURA.

[87] Por exemplo:

    (**i.**) Se esta situação acontecesse na sociedade incorporada, ela transmitiria para a sociedade incorporante um valor negativo e esta, para o receber, não poderia aumentar o seu capital, emitindo novas acções, porque o seu património líquido não seria aumentado, mas sim, reduzido;

    (**ii.**) Se a situação se verificasse na sociedade incorporante, as acções que ela emitisse, em aumento de capital, teriam um valor superior ao seu valor real;

III. Em princípio, o número de acções a emitir (relativas ao aumento de capital) pela sociedade incorporante deve ser aquele que, multiplicado pelo valor real de cada acção, corresponder ao valor do património transmitido pela sociedade incorporada[88].

IV. No caso da sociedade incorporada possuir participações próprias, para a determinação do valor real das participações dos seus sócios (que será "trocado" pelas novas participações da sociedade incorporante) deve dividir-se o valor que for apurado do património da sociedade, pelo número de participações pertencentes aos sócios, excluindo-se obviamente as que pertencem à própria sociedade.

V. Pode vir a ocorrer um problema de "restos" (ou seja que um accionista não possua um número suficiente de acções para receber uma nova acção). A solução desses casos está prevista no n.º 5 do art. 97.º, através da entrega ao accionista pela sociedade incorporante de numerário (para acerto de contas) que não exceda 10% do valor nominal das participações que lhe forem atribuídas.[89]

(iii.) Se a situação líquida da sociedade incorporante exceder o aumento de capital, o montante nominal das acções é inferior ao seu valor real, o que influi na importância do aumento do capital e correlativo número de acções.
Ex.:
- A sociedade incorporante tem um capital de € 100.000 (1.000 acções de € 100) e a situação líquida de € 300.000, valendo portanto cada acção € 300;
- A incorporada transmite um património de € 150.000.
- Se aos sócios da incorporada fossem transmitidas 1500 acções da incorporante (ao valor facial de € 100,00), as acções desta passariam a valer depois da fusão, € 180 cada (que é o que resulta da situação líquida após a fusão [(€ 300.000,00 + € 150.000,00) = € 450.000: 2500 acções), de modo a que, cada accionista da sociedade incorporante perderia € 120 por acção, enquanto os da incorporada ganhariam € 80. Bastaria assim um aumento de € 50.000, com 500 acções (€ 4500: 1500 acções) com o valor real de € 300 e nominal de € 100.

[88] Note-se que ao património da sociedade incorporada não é adicionado o valor das participações do capital (que representam uma parcela daquele património) desta que são detidas pela sociedade incorporante, pelo que, no aumento de capital da incorporante não se conta o valor das participações que esta detém no capital da incorporada (vide *infra* **PARTE II, SITUAÇÕES PARTICULARES, CAPÍTULO II**)

[89] Há quem defenda que a percentagem incide sobre a totalidade das acções atribuídas (vide RAÚL VENTURA in loc. cit., pag. 86 e 87).

A Fusão das Sociedades em Geral

f) O projecto de alteração a introduzir no **contrato da sociedade** incorporante ou o projecto de contrato da nova sociedade;

NOTAS [aumento de capital]:

I. O aumento de capital da sociedade incorporante pode não ser necessário, se ela já possuía anteriormente acções ou quotas próprias, ou se as adquiriu por força da fusão (caso em que a sociedade incorporada possuía participações da incorporante), e as utilizar (e elas chegarem) para satisfazer os direitos dos sócios da sociedade incorporada.

II. O aumento de capital só é necessário para a concretização da fusão, apenas na justa medida da soma das participações destinadas aos sócios (excluindo-se a incorporante, se esta também for sócia da incorporada) da sociedade incorporada, em obediência às regras da "relação de troca" supra referidas[90].

III. O aumento de capital, quando ocorra, não é feito por força de quaisquer *entradas* que resultem da transferência a título universal do património da sociedade extinta para a sociedade resultante, por várias razões, nomeadamente[91]:

❖ Seria impossível determinar a identificação do autor da *entrada*;
❖ O património que entra para a sociedade não é dos sócios, pelo que não será com esse património que eles entram;
❖ Por seu turno, a sociedade, em princípio também não adquire quotas próprias, pelo que também não faz *entradas*;
❖ Do acervo do património poderá fazer parte determinado passivo, que obviamente nunca poderá constituir uma *entrada;*
❖ A fusão não se resume apenas à transferência de patrimónios, pois dá também origem à *extinção* (*transformação*) de sociedade(s).

IV. No aumento de capital não haverá que contar com as participações que a sociedade incorporante possuir na incorporada, sendo o

---

[90] Cf. *supra* **NOTAS** à alínea **e)** e Nota de rodapé 87.
[91] Neste sentido, vide Raúl Ventura op. cit. pag. 239.

54   *Fusão de Sociedades Comerciais*

aumento limitado ao número de participações necessárias para troca das participações dos "outros" sócios. *(n.º 3 do art. 104.º).*

V. Se vier a ocorrer a necessidade de aumento de capital, essa deliberação não é autónoma sem prejuízo de dever obedecer ou observar os requisitos (aplicáveis) exigidos para este efeito, pela lei ou pelo pacto social, bastando assim uma única deliberação a aprovar o Projecto[92].

VI. Quanto aos requisitos do aumento de capital, para a especialidade do caso de fusão, aplicam-se:

1. Os do art. 87.º n.º 1:

➢ A modalidade do aumento será para a execução da fusão;
➢ Montante do aumento;
➢ Montante nominal das novas participações;
➢ Participam no aumento também os sócios da sociedade incorporada.

2. Quanto ao n.º 3 do art. 87.º:

➢ Quanto á 1ª parte, a deliberação do aumento pode ser tomada, mas se houver aumento anterior ainda não registado, a fusão também não pode ser registada.
➢ Quanto à 2ª parte, o n.º 3 não é aplicável.

3. Quanto ao art. 88.º, art. 89.º, 90.º 456.º e 458.º: não são aplicáveis.[93]

g) As medidas de protecção de direitos de terceiros não sócios a participar nos lucros da sociedade;
h) As modalidades de protecção dos direitos dos credores;

---

[92] Neste sentido, vide RAÚL VENTURA in op. cit. pag. 69 e justificação exposta *infra,* na **Parte I, Capítulo III, Título IV, Secção III (i.).**

[93] RAÚL VENTURA, loc. e op. cit. pag. 70.

NOTA:

Em regra os credores são protegidos pelo regime imperativo consagrado nos art.s 107.º e 108.º, pelo que, só se for fixada, para além daquela, outra protecção, é que se mencionará alguma especialidade nesta alínea.

i) A **data** a partir da qual as operações das sociedades a fundir são consideradas, do ponto de vista contabilístico, como efectuadas por conta da sociedade incorporante ou da nova sociedade;

NOTAS[94]:

Há que determinar qual a natureza da "data" a que se reporta esta previsão legal, nomeadamente, se é admissível a estipulação contratual da retroactividade dos efeitos da fusão (fazendo-os coincidir por exemplo com o início dum ano civil), ou seja antes do seu registo, contrariamente ao que se consagra na lei.[95] Vejamos:

- Será impossível a retroactividade absoluta *erga omnes* (perante terceiros) já que a o próprio efeito retroactivo do contrato de sociedade, quando admitido – por unanimidade – só funciona apenas em relação aos sócios *(n.º 1 do art. 86.º)*;
- Quanto à retroactividade *inter partes* (entre as sociedades e os sócios) parece que também não será admitido, pois, os efeitos da fusão, mesmo em relação às partes só se produzem após o registo *(art. 112.º)* e também não se alcança como é que uma sociedade pode considerar-se constituída (na hipótese de fusão por "concentração", com a criação de nova sociedade) antes do seu registo;
- Assim, a "data" referida nesta alínea não será a data da produção dos efeitos da fusão – que é a do plano jurídico – mas, como a lei refere, a do plano contabilístico, ou seja, será a data a partir da qual as operações contabilísticas feitas ainda[96] na sociedade (que há de ser) incorporada, passarão a ser já feitas *por conta* da

---

[94] Para mais desenvolvimentos, vide RAÚL VENTURA loc. cit. comentários aos artigos 98.º, 102.º e 113.º.

[95] Vide *supra*, **PARTE I, CAPÍTULO II, TÍTULO II** (Efeitos da inscrição da Fusão no Registo Comercial)

[96] "Ainda" forçosamente nesta, porque ainda não foi extinta.

sociedade incorporante, o que acarreta que, logo que os efeitos (jurídicos) da fusão se verifiquem, será efectuada na sociedade incorporante uma contabilização global dos <u>resultados</u> das operações contabilísticas realizadas na sociedade incorporada, depois da data fixada no "Projecto".

- Este será a nosso ver o sentido da "data" a que a alínea se reporta, mas essa data <u>poderá ser anterior à da elaboração do Projecto</u> (já que os efeitos da data são meramente contabilísticos não afectando a estrutura jurídico – financeira da fusão) mas, <u>não poderá ser posterior à da eficácia jurídica da fusão,</u> sob pena de violar um preceito imperativo de interesse e ordem pública, consagrado no *art. 112.º*.

j) Os direitos assegurados pela sociedade incorporante ou da nova sociedade a sócios da sociedade incorporada ou das sociedades a fundir que possuem direitos especiais;

k) Quaisquer vantagens especiais atribuídas aos peritos que intervenham na fusão e aos membros dos órgãos de administração ou de fiscalização das sociedades participantes na fusão;

l) Nas fusões em que seja anónima a sociedade incorporante ou a nova sociedade a constituir, as **modalidades de entrega** das acções dessas sociedades e a **data** a partir da qual, estas acções dão **direito aos lucros**, bem como a modalidade desse direito;

NOTAS:

i. É lícita a fixação duma data em que as novas acções (em caso de aumento de capital) dão lucros, sendo pois possível, no exercício em que a fusão se realiza, uma distribuição desigual dos lucros aos antigos e aos novos accionistas.

ii. O Projecto marcará a data a partir da qual os títulos deverão começar a ser entregues aos accionistas e a data limite da sua entrega, a partir da qual os accionistas poderão começar a reclamá-los.

m) Os critérios de avaliação adoptados e/ou as bases de relação de troca referidas em **e)**, que podem ser apresentados em Anexo *(n.º 3 do art. 98.º).*

NOTAS:

i. A lei não limita os métodos ou critérios de avaliação, pelo que pode lançar-se mão de quaisquer dos critérios disponíveis no mercado da ciência económica, desde que seja apenas utilizado o mesmo critério de avaliação para todas as sociedades intervenientes.

TÍTULO II

Fiscalização do Projecto

SECÇÃO I

Elementos de Fiscalização

1. O "projecto de fusão" e seus anexos terão de ser submetidos pela <u>administração</u> de cada uma das sociedades, a <u>fiscalização</u> (*art. 99.º*) para <u>cumulativamente</u> ser emitido:

A) Um **Parecer,** pelo <u>órgão de fiscalização</u> de cada uma das sociedades participantes (**se o possuírem**) [*n.º 1 do art. 99.º*];

B) Um **Relatório** por (i) <u>Revisores Oficiais de Contas</u> (ou sociedade de revisores) nomeados por cada uma das sociedades intervenientes e independentes de todas estas, ou (ii) apenas por <u>um</u> <u>ROC</u> (designado pela Câmara dos Revisores Oficiais de Contas) <u>para as sociedades que assim "o desejarem"</u> (sic) *(n.º 3 do art. 99.º),* que neste caso, elaborará <u>apenas um</u> <u>Relatório</u> (já que o projecto de fusão é igual para todas as sociedades intervenientes).

2. Estes exames e *Relatórios* poderão ser dispensados, se <u>todos os sócios</u> de <u>cada uma das sociedades</u> que participem na fusão, assim acordarem *(n.º 6 do art. 99.º).*

Ou seja, se <u>uma das sociedades</u> pretende dispensar o exame do ROC só poderá fazê-lo licitamente se <u>todos os seus sócios</u> assim o deliberarem.

É a conclusão que se retira da redacção da lei que dispõe que o exame do projecto *"...pode ser dispensado por acordo <u>de todos os sócios</u> de <u>cada uma das sociedades</u> que participam na fusão"* (sic).

58 Fusão de Sociedades Comerciais

Se a dispensa do exame não pudesse ser feita isoladamente pela sociedade que assim o pretendesse, mantendo-se o exame para as restantes que nada deliberassem, o legislador não teria usado aquela redacção e teria disposto que "...o exame do projecto pode ser dispensado se todos os sócios de todas as sociedades, assim o decidirem".

Assim, no nosso entender a dispensa do exame pode valer isoladamente para cada uma das sociedades envolvidas na fusão.

3. Quer na situação do *n.º 3* (acordo de várias ou de todas as sociedades na escolha em conjunto de um ROC independente), como na do *n.º 6 do art. 99.º* (acordo de todos os sócios na dispensa do exame e Relatório de qualquer ROC), para a boa efectivação da inscrição do "Projecto" no registo comercial (já que o Conservador, como funcionário público terá de se certificar se foi dado cumprimento à lei, ou seja se a "dispensa" de fiscalização obedeceu o formalismo legal exigido), **será necessário provar que estas "eliminações" de ROCs e Relatórios foram feitas ao abrigo da lei, pelo que será necessário provar-se documentalmente**[97] **o seu suporte legal,** o que se fará:

a) Quanto à elaboração de *Relatórios* respeitantes a várias sociedades feitos por um ROC *(no caso do n.º 3 do art. 99.º),* pelo **requerimento conjunto** assinado pelas administrações das sociedades que assim o pretenderam, dirigido à Câmara dos Revisores Oficiais de Contas a pedir a nomeação do ROC independente, para elaborar o seu único Relatório

b) Quanto à dispensa total do relatório dos ROCs *(no caso do n.º 6 do art. 99.º),* a deliberação que a lei[98] exige já não é – como no caso anterior – das "sociedades", mas de todos os sócios da

---

[97] Esta documentação integra-se no conceito daquilo a que o legislador chamou de "...*outros elementos necessários e convenientes para* ...*conhecimento da operação visada, tanto no aspecto jurídico...*" (sic – corpo *do n.º 1 do art 98.º),* pelo que, constituirão "outros elementos" (para além dos catalogados no n.º *1 do art. 98.º)* que deverão acompanhar o "Projecto", como anexos, de molde a que, quer as entidades fiscalizadoras (órgão de fiscalização de cada uma delas, ROC independente, Conservador do Registo), como aqueles que têm direito de consulta (credores e sócios) do "Projecto" e anexos, possam aferir da legalidade da eliminação de certos Relatórios do ROC, em princípio, exigidos.

[98] O *n.º 6 do art. 99.º* não existia na redacção inicial deste artigo, pois foi introduzido pelo dec-lei n.º 76-A/2006 de 29 de Março.

A Fusão das Sociedades em Geral

sociedade que delibere a dispensa, exigindo-se portanto uma **deliberação de sócios,** e não uma deliberação da sociedade (que é tomada pelos seus legais representantes – a administração).

4. Assim sendo, no nosso entender, o documento bastante para prova dessa deliberação, poderá constar:

a) Duma **deliberação** tomada **em assembleia geral universal** (que terá de ser anterior à que vier a deliberar sobre o Projecto, dado que este antes dessa assembleia tem de ser registado [art. 100.º n.º 1 art. 3.º alínea p) do C.R.C.], o que só é possível, depois de se obterem os Pareceres e Relatórios ou (logicamente) a deliberação da sua dispensa).

ou

b) Dum **documento do Acordo**[99] assinado por todos os sócios dessa sociedade, dispensando o exame e relatórios de ROC, documento que não se vê impedimento legal que constitua um Anexo ao Projecto, mencionando-se logo ali a sua existência em cumprimento desta alínea.

SECÇÃO II

Conteúdo dos Elementos de Fiscalização

Os Revisores terão de elaborar *Relatório* donde conste fundamentação, sobre a adequação e razoabilidade da relação de troca das participações sociais, no qual se indique, pelo menos *(n.º 4 do art. 99.º)*:

i. Os métodos seguidos na definição da relação de troca proposta;

---

[99] Que constituirá para todos os efeitos uma deliberação unânime por escrito *(n.º 1 do art. 54.º)*. Vide a final uma minuta, como **Anexo V.** Como o Conservador não tem forma de saber se quem assinou é sócio e se as assinaturas no documento correspondem à de todos os sócios, no nosso entender será necessário reconhecer as assinaturas com a menção dessas qualidades. Este reconhecimento já não será necessário, desde que a Fiscalização seja automaticamente dispensada (n.º 2 do art. 116.º – sociedade incorporante detentora da totalidade das participações sociais da sociedade incorporada) e mesmo assim os sócios decidiram produzir uma declaração de dispensa de Fiscalização. (vide Nota de rodapé n.º 145).

60   *Fusão de Sociedades Comerciais*

ii. A justificação da aplicação ao caso concreto dos métodos utilizados pelo órgão da administração das sociedades ou pelos próprios Revisores;
iii. Os valores encontrados através de cada um desses métodos;
iv. A importância relativa que lhes foi conferida na determinação dos valores propostos;
v. As dificuldades especiais que tenham deparado nas avaliações a que procederam.

TÍTULO III

Registo e Publicidade do "Projecto"

1. Após a obtenção dos *Pareceres* e *Relatórios* favoráveis emitidos nos termos e pelas entidades referidas no *art. 99.°*[100], (ou da decisão da sua dispensa) o "projecto de fusão" tem [antes da realização das deliberações (assembleias gerais) das sociedades participantes, destinadas a pronunciar-se sobre o mesmo (*n.° 2 do art. 100.°*)], de ser, por cada uma das sociedades intervenientes, obrigatoriamente registado na Conservatória do Registo Comercial [*art. 100.° n.° 1* e *art. 3.°, n.° 1 alínea p)* e *n.° 1 do art. 15.°, ambos do C.R.Com.*] competente, que é (i) a da sociedade incorporante, ou (ii) a da nova sociedade resultante da fusão *(art. 47.° do Dec-lei n.° 76-A/2006).*[101]

2. Este registo é obrigatório [*n.° 1 do art. 15.°* (registos obrigatórios), *cuja previsão inclui a alínea p) do n.° 1 do art. 3.° ("projecto de fusão"), ambos do C.R.Com*], o que significa que a sua falta acarreta coimas *(art. 17.° do C.R. Com.)*, além da sua omissão – porque é facto sujeito a registo – [*art. 100.° n.° 1* e *art. 3.°, n.° 1 alínea p) do C.R.Com.*] impedir a realização das deliberações sociais a aprovar o

---

[100] Cf. *supra* **PARTE I, CAPÍTULO III, TÍTULO II, SECÇÃO I**, n.° **1.**

[101] Em resultado da revogação do art. 25.° do Código do Registo Comercial, levada a cabo pela alínea c) do art. 61.° do dec-lei n.° 76-A/2006. O art. 47.° do Dec-lei n.° 76-A/2006 refere-se à Conservatória competente para o registo da fusão, parecendo-nos todavia que o mesmo regime será de aplicar analogicamente para o registo do Projecto da fusão.

A *Fusão das Sociedades em Geral* 61

Projecto (*n.º 2 do art. 100.º*) e consequentemente o posterior registo da fusão (*art. 111.º*).

3. O requerimento para o registo[102]:

a) Deverá ser instruído com o "Projecto de fusão" (agregado de todos os elementos que o compõem) e com os Pareceres e Relatórios referidos no *art. 99.º*;

b) O registo será feito por depósito (*cf. alínea a) do n.º 4 do art. 53.º-A do Código do Registo Comercial*), ou seja, através do arquivamento dos documentos que titulam o facto sujeito a registo.

4. O "Projecto" tem obrigatoriamente de ser publicado [*alínea a) do n.º 1 do art. 70.º,* conjugado com a alínea p) do *art. 3.º*, todos *do C.R.Com.*] a expensas da sociedade, o que é oficiosamente promovido pela Conservatória do Registo Comercial competente (*n.º 1 do art. 71.º do C.R.Com.* e *art. 166.º*), no sítio da Internet de acesso público (*n.º 2 do art. 70.º do C.R.Com.* e *art. 2.º da Portaria n.º 590-A/2005 de 14 de Julho*).

TÍTULO IV

Deliberações sobre o "Projecto"

SECÇÃO I

Deliberações

O "Projecto de fusão" tem[103] de ser submetido a **deliberação** dos sócios (*n.º 2 do art. 100.º*), realçando-se os seguintes aspectos:

---

[102] Que pode ser apresentado pessoalmente, pelo correio, por telecópia remetida pelo notário, ou ainda por via electrónica (cf. art. 45.º do Código do Registo Comercial).

[103] Salvo a situação especial prevista no *art. 116.º* (cf. *infra* **PARTE II, CAPÍTULO VI** ("**Incorporação de sociedade totalmente pertencente a outra**"), em que é dispensada a deliberação sobre o Projecto.

a) A deliberação tem de ser produzida em cada uma das sociedades envolvidas, seja qual for o seu tipo (*n.º 2 do art. 100.º*);

b) Pese embora não ser muito clara, parece que a nova redacção[104] do *art. 100.º (cf. o n.º 5 do art. 100.º)* já não exige que a deliberação tenha de ser sempre (apenas) obrigatoriamente produzida em assembleia geral de sócios, dado que veio agora permitir qualquer forma de deliberação[105] prevista no Código (*n.º 1 do art. 53.º*) para cada tipo de sociedade, bem como as produzidas em assembleias universais, ou por decisões unânimes por escrito *(cf. art. 54.º)*;

c) A deliberação só pode ser tomada após a efectivação do registo do "Projecto de Fusão", já que, se for produzida em assembleia, esta não pode ser convocada antes da efectivação daquele registo (*n.º 2 do art. 100.º*).

d) A deliberação não pode ser produzida antes que decorra um mês da data da publicação:

❖ Da convocatória da assembleia (*n.º 2 «in fine» do art. 100.º*); Ou,

❖ Do Aviso, se a deliberação não for produzida em assembleia geral regularmente convocada (interpretação conjugada do *n.º 2 e do n.º 5 do art. 100.º*).

SECÇÃO II

Aviso

1. No caso da deliberação não ter sido precedida de Convocatória para assembleia – que também serve de "aviso" aos credores (*n.º 4 do*

---

[104] Introduzida pelo art. 11.º do citado Dec-lei n.º 8/2007.

[105] Em bom rigor, a redacção da lei – *n.º 5 do art. 100.º* – refere-se a "... *outras formas de comunicação aos sócios...*" e não a "outras formas de deliberação dos sócios...". Todavia, as diferentes formas de deliberação acarretam deferentes formas de comunicação aos sócios da ordem de trabalhos a deliberar, pelo que, é nosso entendimento que a redacção do *n.º 5* veio permitir que se tomem deliberações sobre a fusão por forma distinta da mera assembleia de sócios, sempre, pelas formas previstas para cada tipo de sociedade.

art. 100.º) – o que ocorrerá, como acima se disse, sempre que for tomada por quaisquer das outras formas legalmente admitidas – torna-se necessária a publicação dum "**aviso**"[106] que se destina efectivamente apenas aos credores *(cf. n.º 5 "in fine" do art. 100.º*[107]*)*, já que os sócios têm conhecimento do Projecto (por forma diferente da convocatória), porque vão deliberar sobre ele.

A mesma necessidade da publicação dum "**aviso**", este já com efeito (como adiante se verá) tanto para os sócios como para os credores, ocorrerá sempre que a deliberação de aprovação do Projecto seja dispensada[108], o que constitui a situação prevista no *art. 116.º (cf. alíneas b) e c) do art.116.º e n.º 3 do art. 100.º)*.

2. Quanto ao momento da sua publicação:

A necessidade da publicação do "aviso" só ocorre se vier a ser proferida deliberação por quaisquer das formas permitidas (que não a da assembleia regularmente convocada), pelo que, em princípio, pareceria que só faria sentido publicá-lo após a realização da deliberação (porque só depois desta se saberá se foi ou não produzida em assembleia regularmente convocada, sob pena de se praticar um acto, hoje, legalmente dispensado), mas, a verdade é que o "aviso" tem a mesma função da "Convocatória" *(cf. n.º 5 "in fine" do art. 100.º)*, impondo a lei que:

c) A deliberação não ocorra antes dum mês da publicação *(n.º 2 do art. 100.º)*;

d) Os sócios e credores disponham desse prazo de um mês para consultarem a documentação e oporem-se à fusão *(n.º 2 e n.º 3 do art. 100.º, art. 101.º e art. 101.º-A)*.

Sendo assim, não nos parece que o "aviso" possa ser publicado depois da deliberação já ter sido produzida, sob pena de:

a) Os credores e os sócios serem confrontados com a deliberação, antes de terem podido consultar a documentação ou de deduzirem oposição;

---

[106] Veja-se a final o **Anexo II,** com a minuta do **aviso**.

[107] Cuja redacção é: *"desde que seja publicado um aviso aos credores com o teor referido no N.º 3"*(sic).

[108] Vide *infra* **PARTE II, CAPÍTULO VI ("Incorporação de sociedade totalmente pertencente a outra")**

b) Quando a deliberação for produzida desconhecer-se ainda se foi ou não deduzida oposição por credores, facto que terá de constar da acta da assembleia, já que essa menção é indispensável para a eficácia definitiva do registo da fusão *(n.º 1 do art. 101.º-B).*

Em suma: como a eficácia da deliberação fica dependente da publicação do "aviso"[109]**, este deverá ser publicado nunca antes dum mês da data da deliberação, sempre que se preveja que esta possa vir a ser tomada por forma distinta de assembleia geral de sócios regularmente convocada.**

Nos casos em que a deliberação é dispensada *(*situação prevista no *art. 116.º)* o aviso pode ser publicado decorridos 15 dias da data da publicação do projecto, para não se tornar um acto inútil, pois os sócios naquele período podem vir a requerer a convocação duma assembleia para se pronunciar sobre a fusão, pese embora em princípio ela não ser obrigatória *[alínea d) do n.º 3 do art. 116.º].*

3. O teor do "aviso"

Será idêntico[110] ao da Convocatória da assembleia geral e que consta do *n.º 3 do art. 100.º,* devendo assim mencionar-se:

I. Que o registo do projecto de fusão foi efectuado e este e a documentação anexa podem ser consultados, no prazo de um mês contados da publicação do "aviso", (art. 101.º) na sede de cada sociedade, pelos sócios e credores sociais;

---

[109] O que resulta da redacção do *n.º 5* "in fine" do *art. 100.º,* quando se diz expressamente: *"...o disposto no n.º 2 e 3 não obsta à utilização de outras formas de comunicação aos sócios... desde que seja publicado um aviso aos credores..."* (sic).

[110] Com as necessárias adaptações (que o legislador não teve a cautela de ressalvar), já que, na "Convocatória", conforme dispõe o *n.º 3 do art. 100º,* deverão indicar-se também as datas das assembleias, o que não faz qualquer sentido que se coloque no "Aviso", dado que a necessidade deste só advém quando a deliberação é proferida por qualquer meio diferente do da deliberação em assembleia convocada regularmente. No "Aviso", quanto a nós, deverá colocar-se é a data prevista para a deliberação, omitindo-se esta referência nas situações em que é dispensada a deliberação da aprovação do Projecto (cf. *infra* **PARTE II, CAPÍTULO VI ("Incorporação de sociedade totalmente pertencente a outra").**

A Fusão das Sociedades em Geral

II. Que os credores sociais se podem opor judicialmente à fusão, nos termos do art. 101.º-A do C.S.C., no prazo de um mês a contar da publicação do aviso, se tiverem créditos anteriores à publicação, com o fundamento de prejuízo resultante da operação e desde que, tendo reclamado a satisfação ou a garantia adequada dos mesmos, há, pelo menos, 15 dias antes da data da oposição, não tenham sido atendidos.

III. Qual a data prevista para a deliberação.[111]

4. A publicação do "aviso", verificado o condicionalismo supra descrito, é condição, para a eficácia da deliberação e consequentemente para a posterior inscrição da "fusão" no registo comercial, pelo que segue o regime adiante descrito para todas as publicações.

5. A publicação do "aviso, à semelhança do que ocorre com a publicação da convocatória que deve ser feita por cada uma das assembleias das sociedades intervenientes, deverá também seguir a mesma regra e ser publicado por iniciativa de cada uma das sociedades intervenientes, já que os credores de cada uma delas, serão distintos.

SECÇÃO III

Objecto de outras Deliberações

As deliberações ligadas ao Projecto podem ainda incidir sobre **outros objectos,** no caso de:

I. A execução do Projecto implicar a necessidade de aumento de capital da sociedade incorporante, em que será necessário aprovar o aumento de capital,[112] deliberação que deverá ser tomada na própria assembleia da sociedade incorporante que deliberar sobre o Projecto e que deverá considerar-se inserida na própria deliberação sobre o Projecto.[113]

---

[111] E não, a data designada para a assembleia, que em princípio não ocorrerá. Esta menção será eliminada, caso a deliberação seja legalmente dispensada.

[112] Cf. *supra* **PARTE I, CAPÍTULO III, TÍTULO I, SECÇÃO II,** alínea **f), NOTA V**

[113] RAÚL VENTURA defende também esta opinião (vide op. cit. pag. 69).

66   *Fusão de Sociedades Comerciais*

Consideramos que este será o entendimento correcto, porquanto, a entender-se que se torna necessário obter deliberação autónoma, em separado da deliberação sobre a fusão, aquela seria então sempre exigida, mesmo nos casos em que a lei admite o registo do Projecto dispensando a deliberação dos sócios sobre o Projecto[114], o que seria um absurdo.

De facto, se o Projecto pode ser inscrito no registo comercial sem necessidade de deliberação dos sócios, não faz sentido que tivesse sido dispensado o mais e fosse imposto o menos, exigindo-se que os sócios tomassem deliberações autónomas que são meramente instrumentais e constituem «elementos» do Projecto da fusão.

II. A execução do Projecto implicar a necessidade da sociedade incorporante vir a adquirir participações próprias que faziam parte do património da sociedade incorporada e que, com a extinção desta lhe são transmitidas[115], pelo que haverá que deliberar a aquisição das participações próprias,[116] deliberação que poderá ser tomada na própria assembleia da sociedade incorporante que deliberar sobre o Projecto.

III. O Balanço adrede ao Projecto ser um Balanço *ad hoc*, cuja aprovação ainda não tenha sido deliberada[117] deliberação que deverá ser tomada na assembleia da sociedade que deliberar sobre o Projecto e cujo Balanço não tenha ainda sido anteriormente aprovado e que deverá considerar-se inserida na própria deliberação sobre o Projecto.[118]

IV. A execução do Projecto implicar a necessidade da transmissão de posições sociais de sociedades não intervenientes, caso em que as deliberações deverão ser tomadas previamente (e não nas assembleias que deliberem o Projecto) nas sociedades que tiverem que prestar o seu consentimento[119].

---

[114] Cf. *infra* **PARTE II, CAPÍTULO VI ("Incorporação duma sociedade totalmente pertencente a outra").**

[115] Cf. *infra* **PARTE II, CAPÍTULO V**

[116] Cf. *supra* **PARTE I, CAPÍTULO III, TÍTULO I, SECÇÃO II,** alínea **f), NOTA I** e *infra*, **PARTE II, CAPÍTULO V**

[117] Cf. *supra* **PARTE I, CAPÍTULO III, TÍTULO I, SECÇÃO II,** alínea **d), NOTA II**

[118] Segue-se o entendimento expresso em **4.4.3. I.** (veja-se RAÚL VENTURA ibidem, pag. 77).

[119] Cf. s*upra* **PARTE I, CAPÍTULO III, TÍTULO I, SECÇÃO II,** alínea **c), NOTA II.**

A *Fusão das Sociedades em Geral* 67

V. Ser deliberada a <u>dispensa dos **Relatórios**</u> dos ROCS, deliberações que deverão ser <u>tomadas previamente</u>[120] (e não nas assembleias que deliberem o Projecto) em todas as sociedades envolvidas e através de assembleias universais ou deliberações unânimes por escrito.

SECÇÃO IV

A Convocatória[121]

I. Só pode ser publicada <u>após a efectivação do registo do "projecto de fusão"</u> (*n.º 2 do art. 100.º*);

II. A <u>publicação</u> seguirá o regime geral actualmente em vigor adiante descrito.

III. Deve mencionar também (*n.º 3 do art. 100.º*):

➢ Que o "projecto de fusão" e os seus anexos, os relatórios e pareceres dos Órgão de fiscalização e as contas e respectivos anexos relativas aos três últimos exercícios podem ser consultados, pelos sócios e credores sociais, na sede de cada uma das sociedades envolvidas e se o pretenderem podem obter, sem encargos, cópia integral dessa documentação *(art. 101.º)*;

➢ Quais as datas designadas para as assembleias das sociedades envolvidas;

➢ Que os credores sociais podem opor-se à fusão, nos termos do *artigo 101.º-A;*

➢ Que constitui um "aviso" aos credores sociais *(n.º 4 do art. 100.º).*

SECÇÃO V

A Assembleia[122]

I. Tem de se realizar pelo menos, 30 dias após a publicação da convocatória (*n.º 2 «in fine» do art. 100.º*), ou se esta for legalmente dispensada *(art. 54.º)*, 30 dias após a publicação do Anúncio.[123]

---

[120] Cf. *supra* **PARTE I, CAPÍTULO III, TÍTULO II, SECÇÃO I, Nota 4. a).**
[121] Veja-se a final o **Anexo III,** com uma minuta de convocatória.
[122] Veja-se a final o **Anexo IV** com uma minuta de assembleia geral da sociedade.
[123] Vide *supra* **PARTE I, CAPÍTULO III, TÍTULO I, SECÇÃO II, n.º 2.**

II. Iniciar-se-á com a declaração da administração se, desde a elaboração do projecto de fusão, houve ou não mudança relevante nos elementos de facto em que se baseou e, na afirmativa, quais as alterações que aquele deverá sofrer (*n.° 1 do art. 102.°*), devendo nesta hipótese a assembleia deliberar se o "projecto de fusão" deve ser renovado, ou se devem prosseguir os trabalhos, para se deliberar a "Proposta" (*n.° 2 do art. 102.°*);

III. As propostas apresentadas em todas as assembleias das sociedades envolvidas devem ser sempre rigorosamente iguais (*n.° 3 do art. 102.°*).

IV. A <u>deliberação</u> dos sócios tomada em assembleia de sócios:

➢ É válida desde que obtenha o quórum deliberativo exigido para a transformação da respectiva sociedade[124] (*n.° 1 do art. 103.°*);

➢ Só é eficaz depois de também ser aprovada a proposta em assembleia especial duma determinada categoria de acções, se alguma das sociedades envolvidas possuir várias categorias de acções (*n.° 3 do art. 103.°*);

➢ Só é eficaz para efeitos do registo da "fusão", após constar da assembleia o consentimento dos sócios prejudicados (por aumento das suas obrigações, por afectação de direitos especiais, por alteração da proporção da suas participações) (*n.° 2 do art. 103.°*);

➢ Pode ser formada com limitação de voto da sociedade que disponha de capital noutra das que estiver envolvida, não podendo esses votos exceder a soma dos que competem a todos os restantes sócios (*n.° 1 do art. 104.°*)

---

[124] O qual, para as sociedades por quotas é de **3/4** dos votos correspondentes ao capital social (*n.° 1 do art. 265.°*) e para as sociedades anónimas (em que é obrigatória, em 1.ª convocatória a presença de accionistas que detenham acções representativas de, pelo menos, 1/3 do capital social – *n.° 2 do art. 383.°*) é de **2/3** dos votos emitidos (*n.° 3 do art. 386.°*), ou, em 2.ª convocatória, a **simples maioria**, caso estejam presentes accionistas detentores de acções que, pelo menos, representem metade do capital social (*n.° 4 do art.° 386.°*).

TÍTULO V

Garantias dos Credores e dos Sócios

1. Têm o direito de, na sede de cada uma das sociedades *(art. 101.º)*:

➢ Consultar o "Projecto de fusão" e todos os anexos e documentos inerentes;
➢ Obter a expensas da sociedade cópia dos mesmos

2. Este direito pode exercer-se a partir *(1ª parte do art. 101.º)*[125]:

➢ Do momento da comunicação aos sócios (por quaisquer das formas legalmente previstas);
➢ Da publicação da convocatória;
➢ Da publicação do aviso aos credores

4. No prazo de um mês contado da publicação da convocatória ou da do aviso[126], os credores podem deduzir oposição judicial à fusão, desde que *(art. 101.º-A)*:

➢ Os seus créditos sejam anteriores à data da publicação;
➢ Tenham prejuízos com a fusão (nomeadamente que a sociedade *resultante* fornece menos garantias patrimoniais ao seu crédito, do que fornecia a sociedade fundida);
➢ O seu crédito não tenha sido pago nos 15 dias posteriores a ter sido solicitado o seu pagamento.

3. A oposição impede a inscrição definitiva da fusão no registo comercial até que se verifique alguns dos factos elencados nas alíneas do *n.º 1 do art. 101.º-B* (art. 49.º do C.R. Com), a saber:

➢ Ter sido a acção julgada improcedente;
➢ Ter sido decretada a absolvição da instância e não ter sido intentada nova acção no prazo de 30 dias;

---

[125] Com a redacção dada pelo art. 11.º do dec-lei n.º 8/2007.

[126] É o mesmo regime para a Sociedade Anónima Europeia, de acordo com o art. 6.º do diploma que a regulamenta (dec-lei n.º 2/2005 de 4 de Janeiro).

70   *Fusão de Sociedades Comerciais*

➢ Ter sido extinta a instância por desistência;
➢ Ter sido pago o crédito ou tendo sido prestada caução;
➢ Tendo sido consignadas em depósito as quantias devedoras;
➢ Tendo sido consentido por parte do oponente, o registo definitivo da fusão.

4. A <u>oposição judicial</u> segue o regime consagrado no art. 1488.º do Código do Processo Civil, devendo o requerente provar o seu crédito e demonstrar qual o prejuízo que lhe acarreta a fusão. Julgada procedente, o tribunal ordenará o reembolso do crédito (se ele já for exigível), ou condenará a devedora a prestar caução.

TÍTULO VI

A exoneração dos sócios

1. Os sócios <u>que tenham votado contra o Projecto</u> têm o direito de se exonerar, verificando-se cumulativamente as seguintes condições *(n.º 1 do art. 105.º)*:

➢ Se esse direito lhes for conferido pelo contrato social ou pela lei; Ou seja, o *art. 105.º* não confere, ele mesmo, qualquer direito á exoneração, já que esta vai buscar a sua admissibilidade, no contrato social, ou na lei.
Não se encontra no CSC qualquer preceito que preveja o direito de exoneração do sócio, em caso de fusão da sociedade (em nome colectivo, por quotas, ou anónima).
➢ Se tiverem votado contra o "Projecto"[127];
➢ Se, no prazo dum mês contado da data da deliberação, exigirem à sociedade que esta adquira, ou faça adquirir a sua participação social (manifestação da vontade de exoneração).

2. O direito de exoneração do sócio, não lhe retira o direito de alienar a sua posição social, nos termos da lei, ou do contrato *(n.º 4 do art. 105.º)*, e se o fizer, o cessionário já não poderá exercer o direito de

---

[127] O mesmo direito é conferido ao sócio da Sociedade Anónima Europeia, de acordo com o n.º 1 do art. 7.º do diploma que regulamenta o seu regime.

exoneração, já que este á apenas conferido ao sócio que à data da deliberação tiver votado contra o projecto, o que, obviamente não ocorre com aquele a quem é transmitida a participação social.

3. A contrapartida será fixada por um ROC com base no estado da sociedade à data da deliberação da fusão, devendo cumprir-se as regras plasmadas nos n.ºˢ 1 a 3 do art. 1018.º do Código Civil, aplicáveis *ex vi* do n.º 1 do art. 1021.º do mesmo diploma, este por sua vez aplicável, *ex vi* do *n.º 2 do art. 105.º*.

4. Realça-se que, nos termos do *n.º 4 do art. 105.º*, se o sócio alienar a sua participação social no prazo dum mês contado da data da deliberação, não fica sujeito às limitações à transmissão que eventualmente possam estar consagradas <u>no contrato social</u>, o que *a contrario* significará (dado o impedimento da aplicação analógica) que se manterão as limitações que <u>a *lei* impuser</u> à transmissão[128].

TITULO VII

O Acto da Fusão

1. O acto da fusão encerra o ciclo do «processo» da fusão e traduz a manifestação final da vontade das sociedades intervenientes em se fundirem.

Assim sendo, é o acto que deverá ser celebrado após aprovação em todas as sociedades (ou seja, da última[129] deliberação,) da proposta do "projecto de fusão", <u>sem que tenha havido oposição,</u> (ou seja, após o decurso do prazo para o exercício deste direito) ou tendo havido, após terem ocorrido alguns dos factos descritos nas alíneas do *n.º 1 do art. 101.º-B*.

Caso as assembleias para aprovação do projecto sejam dispensadas (o que ocorrerá nas situações previstas no *art. 116.º*, a celebração do acto de fusão deverá ocorrer após o termo do prazo previsto para a oposição

---

[128] Em sentido contrário vide RAÚL VENTURA loc. cit. pag. 147.

[129] Já que só com a última deliberação das sociedades envolvidas é que se consolida o "Projecto" de fusão e consequentemente o «processo» da fusão.

de credores, ou, após terem ocorrido alguns dos factos descritos nas alíneas do *n.º 1 do art. 101.º-B.*

Em boa verdade, a lei (porque é omissa) não impede que o acto de fusão seja celebrado logo após a deliberação das assembleias, ou na ausência da necessidade destas, logo após o registo do projecto, mesmo ainda antes do termo do prazo para o exercício do direito dos credores se oporem à fusão.

Mas, como a oposição impede a inscrição definitiva da fusão no registo comercial até que se verifique alguns dos factos descritos nas alíneas do *n.º 1 do art. 101.º-B* (cf. art. 49.º do C.R. Com), a celebração do acto da fusão antes daquele prazo, ou da verificação daqueles factos não é aconselhável, pois além de poder constituir um acto supérfluo, não produzirá qualquer eficácia, nem possibilitará qualquer antecipação no pedido do registo.

2. Discute-se se o acto da fusão tem ou não a natureza dum contrato.

Consistindo este acto na manifestação final da vontade das sociedades intervenientes na realização da fusão, parece-nos que o mesmo deverá revestir a natureza contratual e como tal, ser celebrado pelos legais representantes de todas aquelas sociedades.

O teor deste contrato deverá constituir um resumo do Projecto de fusão, no qual se deverá identificar:

- ❖ As sociedades Intervenientes;
- ❖ Os seus legais representantes;
- ❖ A forma de fusão;
- ❖ O contrato social da sociedade incorporante ou o da nova sociedade;
- ❖ As medidas de protecção dos direitos de terceiros não sócios a participar nos lucros da sociedade;
- ❖ As modalidades de protecção dos direitos dos credores;
- ❖ A data a partir da qual as operações da sociedade incorporada ou das sociedades a fundir são consideradas, do ponto de vista contabilístico, como efectuadas por conta da sociedade incorporante ou da nova sociedade;
- ❖ Os direitos assegurados pela sociedade incorporante ou pela nova sociedade a sócios da sociedade incorporada ou das sociedades a fundir que possuem direitos especiais;

A Fusão das Sociedades em Geral 73

❖ As assembleias que aprovaram o projecto, ou, na sua omissão, o seu enquadramento legal;

❖ Se foram ou não deduzidas oposições à fusão, e na afirmativa, quais os factos referidos nas alíneas do *n.º 1 do art. 101.º-B* que já tenham ocorrido para permitir o subsequente registo da fusão. Neste *item* deverá ser junta a documentação necessária e bastante para que o Conservador possa atestar se não há qualquer impedimento legal ao registo definitivo (sem dúvidas) da inscrição do acto da fusão.

❖ Deverá ser anexado o projecto de fusão, com os seus anexos.

3. Conforme anteriormente já se realçou (cf. *supra* **Parte I, Capítulo I, Titulo IV «Forma»**), a actual redacção do *art. 106.º* exige que a fusão obedeça à mera forma escrita, pelo que o acto deverá ser reduzido a um documento particular[130] [salvo se a fusão envolver a transmissão de bens imóveis, caso em que deverá ser formalizado por escritura pública[131] – cf. *n.º 1 «in fine» do art. 7.º n.º 1 do art. 80.º do Código do Notariado*] assinado pelos representantes legais das sociedades intervenientes, necessários e bastantes para as vincularem.

Este documento servirá de base ao pedido do registo (n.º 1 do art. 32.º do C. R. Com.), pelo que, o cumprimento deste formalismo terá de ser atestado por alguma das entidades a quem genericamente compete zelar pelo cumprimento da Lei, *in casu,* o Conservador do Registo Comercial.

Não sendo fisicamente possível que o Conservador possa atestar se as assinaturas apostas no Projecto correspondem às assinaturas dos administradores, aconselha-se, no propósito de remover eventuais obstáculos na fase do registo, que as assinaturas dos administradores subscritores do contrato de fusão sejam reconhecidas nessa qualidade e com noderes para o acto (caso a administração seja plural e o Projecto não tenha sido subscrito por todos os membros da administração).

---

[130] Junta-se a final uma minuta, como **Anexo VII**
[131] Junta-se a final uma minuta, como **Anexo VIII**

TÍTULO VIII

Garantias Gerais

SECÇÃO I

Registos/Publicações

1. A inscrição da fusão no registo comercial (*art. 111.º*) deve ser promovida no prazo de dois meses (*n.º 2 do* art. *15.º do C.R.Com.*) contados da data da celebração do acto da fusão, por quaisquer das administrações das sociedades envolvidas

2. O pedido do registo é assim só um, o que implica a realização oficiosa do registo de fusão nas entidades incorporadas, ou fundidas na nova entidade, como determina o art. 67.º-A do C.R.Com[132].

É o corolário da natureza constitutiva da inscrição da fusão no registo, *(art. 112.º)* já que os seus efeitos produzem-se *in tottum* com *"o"* único registo, não ficando este aguardando a realização de quaisquer outros.

3. A inscrição do facto da "Fusão" no registo é obrigatória [*alínea r) do n.º 1 do art. 3.º e n.º 1 do art. 15.º, ambos do C.R.Com*] e terá de ser requerido na Conservatória do Registo Comercial competente, que é (i) a da sociedade incorporante, ou (ii) a da nova sociedade resultante da fusão *(art. 47.º do Dec-lei n.º 76-A/2006)*.[133]

4. O registo da fusão, diferentemente do que ocorre com o registo do projecto, é feito pela forma de "transcrição" [porque a *alínea r) do n.º 1 do art. 3.º do C.R.Com.* (fusão de sociedades) é excluída da previsão da *alínea a) do n.º 5 do art. 53.º-A* (registo por "depósito") do mesmo diploma]

5. Também tem de ser obrigatoriamente publicado (*alínea a) do n.º 1 do art. 70.º do C.R.Com.*), a expensas da sociedade (*art. 167.º* e

---

[132] Aditado ao C.R. Com. pelo art. 13.º do dec-lei n.º 8/2007 de 17 de Janeiro.

[133] Com a revogação do art. 25.º do Código do Registo Comercial, levada a cabo pela alínea c) do art. 61.º do dec-lei n.º 76-A/2006.

n.º 1 do *art. 71.º do C.R.Com.*), o que é oficiosamente promovido pela Conservatória do Registo Comercial competente, no sítio da Internet de acesso público *(art. 167.º, n.º 2 do art. 70.º do C.R.Com. e art. 1.º e art. 2.º da Portaria n.º 590-A/2005 de 14 de Julho).*

SECÇÃO II

O actual regime das Publicações Obrigatórias

1. A anterior redacção do *n.º 1 do art. 167.º* dispunha que as publicações obrigatórias eram feitas no Diário da República e o *n.º 2* dispunha que, nas sociedades anónimas, os avisos, anúncios e comunicações dirigidas aos sócios, quando a lei ou o contrato mandassem publicá-las – publicações obrigatórias – deviam ser publicadas ...ainda num jornal da localidade da sede da sociedade.

2. Todavia, o art. 26.º do dec-lei n.º 111/2005 de 8 de Julho (que cria o regime da Empresa na Hora, inserido no propósito de simplificação e desburocratização administrativa) dispôs que passava a **ser suficiente** a informação em sítio na Internet da informação obrigatória prevista no n.º 2 do art. 14.º, na alínea c) do n.º 1 do art. 55.º e no art. 70.º, todos do CRC e ainda no art. *167.º* do Código das Sociedades Comerciais.

3. E, o art. 1.º da Portaria 590.º-A/2005 de 14 de Julho, que regulamentou o art. 26.º do acima citado dec-lei n.º 11/2005, esclareceu que as publicações obrigatórias referidas no *artigo 167.º* e no n.º 2 do art. 70.º do CRC, fazem-se através do sítio da Internet, com o endereço electrónico www.mj.gov.pt/publicacoes.

Em conformidade com este novo regime, o art. 61.º do dec-lei n.º 76-A/2006, revogou o **n.º 2** *do art. 167.º do CSC* (na sua anterior redacção), pelo que, face à actual redacção deste artigo, fixada no art. 17.º do citado dec-lei n.º 111/2005, todas as publicações obrigatórias (já que desapareceu – por revogação do n.º 2 – a especialidade para as sociedades anónimas dos avisos, anúncios, comunicações) só precisam de ser feitas em sítio da Internet, dispensando-se mais qualquer outro tipo de publicação.

4. Este actual sistema de publicações é igualmente aplicável à Sociedades Anónimas Europeias, por força do disposto no art. 5.º[134] do dec-lei n.º 2/2005 de 4 de Janeiro (diploma que estabeleceu o regime jurídico daquelas).

5. Estas publicações obrigatórias, sempre a expensas da sociedade, são feitas pela Conservatória do Registo Comercial da seguinte forma:

➢ Oficiosamente promovidas quando se reportem a actos sujeitos a registo (n.º 1 do art. 2.º da Portaria 590.º-A/2005; n.º 1 do art. 71.º do CR. Com.).

Será o caso das publicações resultantes da inscrição no registo:

* Do "**Projecto de Fusão**"
* Da "**Fusão**"

➢ Por iniciativa dos interessados, nos restantes casos de publicações obrigatórias, que não resultem de anteriores inscrições de registo, como será o caso, sempre que seja obrigatório:

* Do "**Aviso**" aos credores;
* Da **Convocatória** da Assembleia geral de sócios.

6. Assim, no sítio da Internet www.mj.gov.pt/publicacoes pode o interessado escolher qual o tipo de publicação que pretende seja efectuada, a qual poderá consistir num aviso, convocatória, anúncio, deliberação, etc.

Para o efeito, deve o interessado, acedendo ao sítio http:// www.incm.pt/pt/dre/ae.html requerer o registo da sua entidade visando a autenticação para o envio electrónico.

---

[134] Com a redacção que lhe foi dada pelo art. 36.º do já citado dec-lei n.º 76--A/2006.

PARTE II

SITUAÇÕES PARTICULARES

CAPÍTULO I

**Participação de uma sociedade no capital
de outra das sociedades intervenientes –** *art. 104.º*

1. Tanto na situação de fusão por *incorporação,* como na de fusão por *concentração*, no caso de alguma das sociedades intervenientes **possuir participações no capital da outra,** não pode dispor de número de votos superior à soma dos que competem a todos os outros sócios (da sociedade participada), quer no que respeita à sociedade fundida, como à sociedade *resultante (n.º 1 do art. 104.º)*. Pretendeu-se assim evitar o abuso de posição dominante.

2. Haverá pois que somar os votos que, no caso concreto, competem a todos os outros sócios da sociedade participada e esse número constitui o máximo de votos que à sociedade participante podem ser contados.

Neste aspecto o abuso de posição dominante não foi protegido por outras formas (nomeadamente o impedimento de voto, ou o abuso do direito de voto), mas apenas pela redução do poder de voto.

CAPÍTULO II

**Sociedade incorporante detentora de participações
da sociedade incorporada**

A sociedade incorporante não receberá "novas" participações próprias em troca das que já possuía na sociedade incorporada, pelo que, no **aumento de capital** não haverá que contar com as ditas participações, sendo ele (aumento) limitado ao número de participações necessárias para troca das participações dos "outros" sócios[135] *(n.º 3 do art. 104.º)*.

É o corolário lógico de que as partes sociais que a incorporante detinha no capital da incorporada, não entram em resultado da fusão no seu património, porque já a ela anteriormente pertenciam.

É que, na valoração do património da sociedade incorporante já se contou com as participações sobre o capital da sociedade incorporada (e será esse valor que servirá para o cálculo das relações e troca), pelo que, se fossem conferidas àquela, participações próprias correspondentes às que anteriormente possuía, verificar-se-ia uma duplicação fictícia do seu património.

CAPÍTULO III

Sociedade incorporante detentora
de participações sociais próprias

A sociedade incorporante não pode, no aumento de capital necessário em resultado da fusão, emitir acções a fim de também possuir as novas, pois, enquanto as acções pertencem à sociedade, encontram-se suspensos todos os seus direitos, salvo o de receber novas acções no caso de aumento de capital por incorporação de reservas *(alínea a) do n.º 1 do art. 324.º*, aplicável também às sociedades por quotas ex vi *do n.º 4 do art. 220.º)*, o que notoriamente não é o caso.

CAPÍTULO IV

Sociedade incorporada detentora
de participações sociais próprias

A sociedade incorporante também não pode receber essas participações *(n.º 3 do art. 104.º)*, porquanto:

---

[135] Cf. *supra* **NOTAS** à alínea **f)** do **4. i.**

Situações Particulares 79

I. Não é possível distinguir dentro do património da sociedade incorporada uma fracção constituída por acções próprias a que pudesse corresponder uma parte da emissão de acções da incorporante;

II. Se esta limitação não existisse, a sociedade incorporante acabava por receber ela própria, parte de participações no aumento de capital, o que não faz sentido;

III. Com a fusão a sociedade incorporada extingue-se, pelo que deixam de existir as suas participações sociais, sendo certo que as participações próprias não constituem um componente autónomo do património da sociedade incorporada, outrossim representam apenas uma fracção desse património.

IV. Logo, nos casos em que existem participações próprias, <u>para a determinação do valor real das participações da sociedade incorporada</u> (que será "trocado" pelas novas participações da sociedade incorporante) <u>deve dividir-se o valor que for apurado do património da sociedade, pelo número de participações pertencentes aos sócios, excluindo-se obviamente as que pertencem à própria sociedade</u>

CAPÍTULO V

Sociedade incorporada detentora de participações sociais na sociedade incorporante.

1. Se não se tornear a dificuldade pela forma que a seguir se aponta, em bom rigor, a fusão não será possível, porquanto a sociedade incorporada extinguindo-se, não pode continuar a ser proprietária de participações na sociedade incorporante.

2. Assim, o destino dessas participações será:

a) Serem antes da fusão transferidas para sócios ou terceiros, com prévio cumprimento das limitações legais [para as sociedades por quotas (*art. 228.º* e ss.); para as sociedades anónimas (*art. 328.º* e ss)] e contratuais à transmissão de posições sociais; ou, se nada se fizer,

b) Serão automaticamente adquiridas – <u>como participações próprias</u> – pela própria sociedade incorporante, já que esta adquire o

80　　　　　　　　*Fusão de Sociedades Comerciais*

património da incorporada e este património engloba participações sociais representativas do seu capital.

3. Para que a aquisição de participações próprias seja juridicamente admissível, será necessário:

A) Não violar os condicionalismos legais de aquisição de participações próprias a saber:

➤ Para as sociedades por quotas:

(art. 220.º)
Aquisição de Quotas Próprias

1 – A sociedade não pode adquirir quotas próprias não integralmente liberadas, salvo o caso de perda a favor da sociedade, previsto no artigo 204.º.

2 – As quotas próprias só podem ser adquiridas pela sociedade a título gratuito, ou em acção executiva movida contra o sócio, ou se, para esse efeito, ela dispuser de reservas livres em montante não inferior ao dobro do contravalor a prestar.

3 – São nulas as aquisições de quotas próprias com infracção do disposto neste artigo.

4 – É aplicável às quotas próprias o disposto no artigo 324.º.

➤ Para as sociedades anónimas:

Artigo 317.º
Casos de aquisição lícita de acções próprias

1 – O contrato de sociedade pode proibir totalmente a aquisição de acções próprias ou reduzir os casos em que ela é permitida por esta lei.

2 – Salvo o disposto no número seguinte e noutros preceitos legais, uma sociedade não pode adquirir e deter acções próprias representativas de mais de 10% do seu capital.

3 – Uma sociedade pode adquirir acções próprias que ultrapassem o montante estabelecido no número anterior quando:

a) A aquisição resulte do cumprimento pela sociedade de disposições da lei;

b) A aquisição vise executar uma deliberação de redução de capital;

Situações Particulares 81

c) *Seja adquirido um património, a título universal;*
d) *A aquisição seja feita a título gratuito;*
e) *A aquisição seja feita em processo executivo para cobrança de dívidas de terceiros ou por transacção em acção declarativa proposta para o mesmo fim;*
f) *A aquisição decorra de processo estabelecido na lei ou no contrato de sociedade para a falta de liberação de acções pelos seus subscritores.*

4 – Como contrapartida da aquisição de acções próprias, uma sociedade só pode entregar bens que, nos termos do artigo 32.º e do artigo 33.º, possam ser distribuídos aos sócios, devendo o valor dos bens distribuíveis ser, pelo menos, igual ao dobro do valor a pagar por elas

NOTAS:

I. A aquisição de participações próprias em resultado da fusão, suscita à partida a questão de se saber se essa aquisição é feita a título gratuito ou oneroso. Na 1ª hipótese seria uma operação liberada, não sujeita aos condicionalismos descritos.

A transferência para a sociedade incorporante de participações sociais próprias (que estavam no património da incorporada) em boa verdade não é "paga" aos sócios da incorporada e estes também não recebem qualquer contrapartida financeira, como moeda de troca dessas participações, que não pertencem aos sócios, mas sim, à sociedade incorporada.

Só que, a "fusão" não é um contrato gratuito, pelo que a entrada dessas participações, no património da sociedade incorporante não resultando de um acto gratuito (doação, herança) não deverá integrar-se no conceito da *alínea d) do n.º 3 do art. 317.º* ou do *n.º 2 do art. 220.º*.

Essas participações fazem parte do património da incorporada e como tal adicionadas ao restante património desta, irão constituir a base da relação de troca, cuja contrapartida serão as "novas" participações que serão entregues aos sócios da incorporada que transitam para a incorporante.

Parece-nos assim que no caso de transmissão de participações próprias em resultado de fusão se deva considerar que ocorre a aquisição dum património a título universal (todo o património da incorporada, do qual fazem parte as participações da incorporante), operação que, para as sociedades anónimas, se integra na previsão da *alínea c) do n.º 3 do art. 317.º*, e que portanto está liberalizada.

De facto, fazendo a transmissão das participações parte duma operação mais vasta que é a transmissão da totalidade dum património, não faz sentido que se impusesse um condicionalismo à transmissão das participações sociais (operação secundária, marginal), obstaculando à operação mais vasta.[136]

II. A questão todavia mantém-se em aberto para as sociedades por quotas, já que não há preceito paralelo que liberalize a aquisição de quotas próprias quando estas estavam no património da sociedade incorporada e são adquiridas pela incorporante, por força da fusão.

RAUL VENTURA, entende que o princípio da liberalização quando se trata da aquisição dum património a título universal, admissível para as sociedades anónimas deve ser analogicamente aplicado às sociedades por quotas.[137]

Como se sabe, a analogia é a «proporção entre relações», a «similitude de relações»; é argumento retórico que invoca a correspondência ou semelhança; o étimo *análogos* pensa a assimilação e a correspondência do distante ou diferente – «integração ou assimilação de qualidades diferentes numa unitária racionalidade».

Como realça CASTANHEIRA NEVES, trata-se de uma «específica integração inteligível de entidades diversas» em que se verifiquem três características fundamentais: (i) as entidades diversas não vêem reduzida pela analogia a sua diversidade, e subsistem não obstante a sua diferença; (ii) a inteligível integração deverá ser uma conclusão niveladora em termos de 'same level reasoning'; (iii) e exige-se um «fundamento específico de integração» a justificar a racionalidade da associação na diferenciação[138]

E continua. *"...No critério específico do juízo analógico, os casos são análogos quando os sentidos concretos puderem fundar-se numa*

---

[136] Neste sentido vide RAUL VENTURA loc. cit., pag. 133 e MARIA VICTÓRIA FERREIRA DA ROCHA in *"Aquisição de Acções Próprias no Código das Sociedades Comerciais"*, pag. 235 e ss.

[137] Loc. cit., pag. 133 e *"Sociedade por Quotas"* Almedina, Vol I, pag. 435

[138] in *"Metodologia Jurídica – Problemas Fundamentais,* colecção «Studia Iuridica», pp. 241 e segs.

conexão justificada pela intenção fundamental que os constitui; quando as intenções constitutivas forem, no fundo, as mesmas ou afins, e a solução jurídica de um é normativo-juridicamente adequada também para o outro no sentido de satisfazer as expectativas normativo-jurídicas da sua solução...".[139]

O primado destes princípios levar-nos-ia, *prima facie*, a comungar a opinião de RAÚL VENTURA, dada a similitude das situações.

Todavia, temos que reconhecer que pomos reservas a esta opinião, já que, os preceitos que facultam a aquisição de posições sociais próprias são excepcionais, em relação à regra que é a da proibição (cf. para as sociedades por quotas *n.º 1 e n.º 2 do art. 220.º* e para as anónimas o *n.º 2 e n.º 3 do art. 317.º*).

E assim sendo, esses preceitos não admitirão a aplicação analógica (art. 11.º do C.C.).

Aliás, o legislador quando pretendeu estender às sociedades por quotas algum dos preceitos referentes ao regime das acções próprias, fê-lo expressamente, como ocorreu com o *n.º 4 do art. 220.º* que remeteu para o regime do *art. 324.º* (regime das acções próprias).

E, *o art. 220.º* não remete para a alínea *c) do n.º 3 do art. 317.º*.

Mas, ao remeter para o regime geral do art. 324.º, abarca a estatuição da alínea b) do seu n.º 1, reforçando a exigência de que após a aquisição da quota própria será necessário indisponibilizar uma reserva no valor igual àquele por que estiver contabilizada.

Ora, a previsão do *n.º 2 «in fine» do art. 220.º* (necessidade da sociedade dispor de reservas livres em montante não inferior ao dobro do contravalor a prestar), está conectada com o regime plasmado no *artigo 32.º e art. 35.º*, que visa limitar (em determinadas circunstâncias) a distribuição de bens aos sócios e a perda de parte (metade) do capital social.

Quanto a nós, a previsão do *n.º 2 «in fine» do art. 220.º* (necessidade da sociedade dispor de reservas livres em montante não inferior ao dobro do contravalor a prestar) visou garantir terceiros (credores), protegendo-os de eventual descapitalização da sociedade, ao pagar a contrapartida da aquisição da quota própria, sem possuir reservas para tanto.

---

[139] cf., idem, *ibidem*, pp. 253, 254 e 261.

84   *Fusão de Sociedades Comerciais*

Por isso parece-nos que nos casos de fusão em que a sociedade incorporante seja uma sociedade por quotas, a única limitação à aquisição de quotas próprias (resultante da operação da fusão) será a do n.º 1 do art. 220.º (ou seja, a necessidade das quotas estarem liberadas), já que a previsão do *n.º 2 «in fine» do art. 220.º* é manifestamente inaplicável à situação da fusão, dado que a sociedade incorporante não disponibiliza activos para adquirir quotas próprias; estas são automaticamente adquiridas mercê da operação global da fusão.

Poderá dizer-se que o argumento também será pertinente para a aquisição de acções próprias (resultante da fusão), já que também nas sociedades anónimas, no caso de fusão, não se justifica a criação duma reserva indisponível [*alínea b) do n.º 1 do art. 324.º*], mas, quanto às sociedades anónimas, *legem habemus* [alínea c) *do n.º 3 do art. 317.º*] para liberalizar a aquisição de acçõcs próprias, pelo que torna-se desnecessário invocá-lo.

B) Não violar os condicionalismos que contratualmente tiverem sido estabelecidos[140].

C) Ser deliberado pela sociedade incorporante [para as sociedades por quotas (*alínea b) do n.º 1 do art. 246.º*); para as sociedades anónimas (*art. 319.º*)] a aquisição de participações próprias.

Parece que esta deliberação poderá ser tomada na própria assembleia da sociedade incorporante que aprove o Projecto de fusão, mas, de <u>forma expressa</u> e <u>autónoma, em relação à deliberação sobre o Projecto.</u>

D) Estas participações próprias como se realçou anteriormente[141], podem servir para "troca" a entregar aos sócios da sociedade incorporada, em vez de se estar a aumentar o capital social (nesse valor) e criar novas acções.

---

[140] Se houver proibição contratual, haverá previamente que remover essa cláusula.

[141] Vide *supra* **PARTE I, CAPÍTULO III, TÍTULO I, SECÇÃO II,** a nota **I.** da alínea **f).**

CAPÍTULO VI

Incorporação de sociedade totalmente pertencente a outra (*art. 116.º*)

TÍTULO I

Generalidades

1. Como mais um dos casos particulares de fusão por incorporação, registe-se a situação em que uma ou mais sociedades são absorvidas por outra, a qual <u>é detentora da totalidade das participações sociais</u> da(s) incorporada(s) – directamente ou através de pessoas que detenham as participações em nome próprio, mas por conta daquela.

Este preceito teve a sua génese no art. 24.º da 3.ª Directiva, e utilizou a faculdade prevista no seu art. 25.º, que previa a possibilidade de se prescindir das assembleias gerais das sociedades participantes.

A previsão do referido art. 24.º era a da sociedade incorporada ser fundida em sociedade *«que é titular de todas as acções e de outros títulos que confiram um direito de voto na assembleia geral»*

A disposição legal portuguesa não utilizou a mesma redacção, apesar da sua previsão abarcar duas situações, a saber:

- ➢ A situação da sociedade incorporante ser titular da totalidade das participações sociais da sociedade incorporada;
- ➢ A situação das participações da sociedade incorporada estarem em nome de outra pessoa (física ou colectiva), mas por conta da sociedade incorporante.

Esta situação contemplará, a nosso ver, os casos em que a sociedade incorporante detém a totalidade das participações duma sociedade, a qual, por sua vez, deterá a totalidade de participações da sociedade incorporada (são situações de domínio total).

2. <u>Os sócios da sociedade incorporante, em regra, não beneficiam de incrementos patrimoniais, pois que à incorporante nenhuma mais-valia decorre da fusão,</u> (dado que já é proprietária da totalidade das participações sociais da incorporada) <u>mantendo-se inalterado o seu capital próprio.</u>

Paralelamente, como o único sócio da sociedade incorporada é a sociedade incorporante, esta, em resultado da fusão, não receberá participações próprias.

3. Note-se que esta situação especial só ocorre quando a sociedade incorporante é detentora da totalidade das participações sociais da sociedade incorporada e não a inversa, ou seja, quando a sociedade incorporante absorve a sociedade que detém a totalidade do seu capital social.

Naquela situação de excepção, a lei permite **aligeirar os trâmites** do processo no sentido de que a operação possa, em certas circunstâncias, por exemplo, não ser objecto de deliberação nas assembleias gerais das sociedades envolvidas.

4. Convém desde já esclarecer qual a natureza deste aligeiramento, o qual, no nosso entender não resultou claro aquando das últimas alterações ao Código das Sociedades Comerciais, nomeadamente ao seu *art. 116.º*, em virtude duma técnica legislativa que nos parece não ter sido a mais feliz.

Vejamos:

O *n.º 2 do art. 53.º* consagra que *"As disposições a lei ou do contrato de sociedade relativas a deliberações tomadas em assembleia geral compreendem qualquer forma de deliberação dos sócios prevista na lei para esse tipo de sociedade, salvo quando a sua interpretação impuser interpretação diversa"* (sic, c/sublinhado nosso).

Por seu turno *o art. 54.º* permite para qualquer tipo de sociedade que os sócios tomem deliberações unânimes por escrito, ou deliberem em assembleias, não precedidas de formalidades de convocação (desde que universais), sendo também certo que nas sociedades por quotas são autorizadas as deliberações por voto escrito *(n.º 1 do art. 247.º)*.

Quando o *n.º 2 do art. 100.º* impunha que o projecto de fusão fosse submetido a deliberação de sócios, em cada uma da sociedades participantes, em assembleia geral, estava a afastar quaisquer das restantes formas de deliberação de sócios permitida na lei?

Por outras palavras: o *n.º 2 do art. 100.º* configurava uma das excepções previstas no o *n.º 2 «in fine» do art. 53.º* porque a sua interpretação levaria a restringir a deliberação apenas à forma de assembleia geral regularmente convocada?

Situações Particulares 87

O entendimento dominante[142] ia no sentido de que a interpretação do *n.º 2 do art. 100.º* excluía qualquer outra forma de deliberação dos sócios produzida fora da assembleia geral regularmente convocada, já que havia sido estabelecida toda uma panóplia de tramitação com base na convocatória das assembleias e com prazos que se relacionavam com as ditas convocatórias.

Significava este entendimento que a deliberação sobre a fusão <u>só podia ser produzida em assembleia geral de sócios</u>; *a contrario,* a dispensa desta traduziria assim a dispensa da própria deliberação, já que, para esta não estava prevista outra forma que não fosse a produzida em assembleia geral.

E tão acertada era esta interpretação da lei, que o actual legislador, na esteira da execução do programa político que denominou *Simplex,* pretendendo simplificar as formas de deliberação da fusão alargando-as aos restantes tipos previstos na lei, sentiu necessidade de introduzir (por força do art. 11.º do já citado dec-lei n.º 8/2007) um "novo" n.º 5 ao *art. 100.º do CSC,* através do qual expressamente consagrou aquilo que antes não estava contemplado na previsão legal, ou seja, que: *"...O disposto nos n.ºs 2 e 3 não obstará utilização de outras formas de comunicação aos sócios, nos termos previstos para cada tipo de sociedade, bem como à tomada de deliberação nos termos previstos no art. 54.º, desde que seja publicado um aviso aos credores com o teor referido no n.º 3".* (sic).

Logo, com o novo *n.º 5 do art. 100.º* passou a ficar consagrado[143] que a deliberação sobre a fusão pode <u>também</u> efectuar-se (para além das deliberações produzidas em assembleia geral regularmente convocadas) por quaisquer das outras formas de deliberação previstas, quer na parte geral do Código *(art. 54.º),* como para cada tipo de sociedade.

Ora, quando o *n.º 3 do art. 116.º,* abria uma excepção à primitiva regra, dispensando, verificados certos condicionalismos, a prévia deliberação da assembleia geral, para (i) a <u>celebração da escritura</u> de fusão (na redacção inicial do artigo) ou (ii) para o <u>registo da fusão</u> (na versão da redacção dada pelo art. 2.º do dec-lei n.º 76-A/2006), significava que o que se estava a dispensar era a própria deliberação dos sócios.

---

[142] Vide Raúl Ventura loc. cit. pag. 100.

[143] De forma tecnicamente pouco precisa, como se realçou supra, na **PARTE I, CAPÍTULO III, TÍTULO IV, SECÇÃO I,** alínea **b),** nota de rodapé 115.

De facto, como se disse, o *art. 116.º* teve a sua génese nas faculdades conferidas nos artigos 25.º e 26.º da já mencionada 3.ª Directiva, o primeiro dos quais permitia que os estados membros deixassem de aplicar o art. 7.º, ou seja, as deliberações em assembleias gerais de sócios das sociedades participantes.

Deste modo, nos termos deste preceito legal e de acordo com a interpretação supra mencionada, a dispensa de deliberação em assembleia geral significaria a dispensa da própria deliberação de sócios, o que se justificava, como realça Raúl Ventura[144], porque não havia interesses de sócios da sociedade incorporada (cujo único seria a sociedade incorporante) que pudessem perigar, e os sócios da sociedade incorporante nenhum prejuízo sofreriam por esta já deter a totalidade das participações da incorporada.

Assim sendo, com a introdução do novo *n.º 5 do art. 100.º*, fica sem sentido que o *n.º 3 do art. 116.º* mantenha a anterior redacção, permitindo o registo da fusão, sem prévia deliberação em assembleia geral, dado que esta forma de deliberação, mesmo em situações normais, já passou a ser dispensada pelo citado *n.º 5 do art. 100.º*; se o *n.º 3 do art. 116.º* fosse interpretado literalmente, limitar-se-ia a repetir a excepção geral já contemplada no *n.º 5 do art. 100.º*, o que seria redundante.

Mas, como acima se disse, a excepção do n.º 3, antes, como hoje, o que pretende é dispensar qualquer deliberação dos sócios da sociedade incorporante (dado que é só ela própria a única sócia da incorporada) e como tal deverá ser interpretado.

Passamos agora a enunciar a mais simplificada **Tramitação do Processo de fusão**

TÍTULO II

Especialidades do Projecto conjunto de fusão

1. É elaborado um projecto conjunto pelas administrações das sociedades envolvidas na fusão, nos termos do *art. 98.º*, **mas sendo-lhe inaplicáveis as disposições legais previstas para** (*n.º 2 do art. 116.º*):

---

[144] Op. cit. pag. 307.

Situações Particulares 89

a) A troca de participações sociais;

b) Os relatórios e pareceres sobre o projecto, emitidos pelos órgãos sociais, revisores oficiais de contas e demais peritos (i.e. é dispensada a fiscalização do "Projecto"[145]);

c) O regime de responsabilidade destes pela sua emissão.

2. O projecto deverá conter os mesmos elementos necessários ao perfeito conhecimento da operação, atrás referidos, com excepção daqueles que não lhe são aplicáveis, dada a natureza desta modalidade específica de fusão. **Deverá** assim **mencionar**:

a) A modalidade da fusão – indicando motivos, condições e finalidades pretendidas;

b) A identificação das sociedades participantes – firma, sede, capital, matrícula;

c) O balanço de cada uma das sociedades intervenientes, com indicação do valor do activo e passivo a transferir por via da fusão, nos termos atrás referidos;

d) A redacção final do contrato de sociedade da incorporante ou da nova sociedade criada, se for caso disso;

e) As medidas de protecção de terceiros (não sócios) que participam nos lucros da sociedade. (Por ex. os trabalhadores ou membros do Conselho de Administração);

f) As medidas de protecção dos direitos dos credores;

g) A data, do ponto de vista contabilístico, a partir da qual se consideram as operações efectuadas por conta da nova sociedade ou da sociedade incorporante.

3. Menções especiais a inserir no projecto conjunto, para além dos elementos referidos anteriormente:

a) A indicação de que não haverá lugar a prévia deliberação (das assembleias gerais), a menos que a convocação destas venha a ser requerida por sócios, detentores de, pelo menos, 5% do capital social, nos 15 dias seguintes à publicação do registo que vier a ser feito do projecto de fusão *[alíneas a) e d) do n.º 3 do art. 116.º];*

---

[145] Assim sendo, já não se torna necessário produzir qualquer deliberação (em assembleia ou através de acordo escrito por todos os sócios).

b) A indicação de que os sócios poderão consultar o projecto de fusão e toda a documentação anexa, na sede de cada sociedade, pelo menos, a partir do 8.º dia seguinte à publicação do registo do projecto de fusão *[alínea c) do n.º 3 do art. 116.º]*;

c) Deverá também informar-se que, caso não venha a ser requerida a convocação da assembleia no prazo referido em **a.**, será publicado aviso aos credores com o teor mencionado infra, [é a interpretação que resulta da *alínea b) do n.º 3 do art. 116.º*, dado que a não realização de assembleia geral impõe a publicação do anúncio, como condição para o registo da fusão];

TÍTULO III

Registo do Projecto conjunto de fusão

1. Este registo não é dispensado, já que, mesmo nesta situação especial, aplicam-se, conforme dispõe o *n.º 1 do art. 116.º*, as disposições dos artigos anteriores (nomeadamente a respeitante ao registo do projecto), salvo as excepções constantes deste artigo, nas quais não se inclui a dispensa da obrigação deste registo.

2. O registo é feito por depósito, sendo feita publicação do registo pela conservatória.

TÍTULO IV

Aviso aos credores

Após o registo do projecto, a sociedade deve também fazer publicidade dos seguintes factos por meio de "**aviso**"[146] *[n.º 3 e 5 do art. 100.º, com referência à alínea b) do n.º 3 do art. 116.º]*:

a) De que o registo do projecto de fusão foi efectuado e este e a documentação anexa podem ser consultados, na sede de cada sociedade, pelos sócios e credores sociais;

---

[146] Vide a final minuta, como **Anexo VI**

b) De que os credores sociais podem opor-se judicialmente à fusão, nos termos do *art. 101.º-A do C.S.C.*, no prazo de um mês a contar do aviso, se tiverem créditos anteriores à publicação, com o fundamento de prejuízo resultante da operação e desde que, tendo reclamado a satisfação ou a garantia adequada dos mesmos, há, pelo menos, 15 dias antes da data da oposição, não tenham sido atendidos.

TÍTULO V

Registo da fusão

A fusão é registada, **sem prévia deliberação das assembleias gerais,** desde que, **cumulativamente,** se verifiquem os seguintes condicionalismos:

a) No projecto conjunto de fusão estejam, expressamente, inseridas as menções especiais, atrás referidas *(n.º 3 do art. 116.º);*

b) Tenha sido feita publicidade, – com a antecedência mínima de um mês em relação à data da apresentação da inscrição no registo da fusão[147] – através de aviso – de que o projecto comum e documentos anexos podiam ser consultados pelos sócios na sede social e de que assistia aos credores das sociedades participantes, detentores de créditos anteriores à publicação, o direito de se oporem judicialmente à fusão, nos termos do art. 101.º-A do C.S.C. *(alínea b) do n.º 3 do art. 116.º).*

c) Os sócios, a partir do 8.º dia seguinte ao da publicação do projecto de fusão, tenham podido tomar conhecimento, na sede social, da respectiva documentação, e disso tenham sido prevenidos no projecto ou na própria publicação do aviso *(alínea c) do n.º 3 do art. 116.º).*

---

[147] Esta exigência desapareceu da actual redacção da alínea b) do art. 116.º (introduzida pelo art. 11.º do dec-lei n.º 8/2007), mas deverá ser de manter, atendendo à filosofia da necessidade da antecedência das comunicações para o exercício de direitos, que emerge do regime geral consagrado no n.º 2 do art. 100.º e art. 101-A do CSC.

d) Não tenha sido requerida por sócios detentores de 5% do capital social, nos 15 dias seguintes à data da publicação do Registo do Projecto de Fusão, a realização das assembleias gerais das sociedades participantes *(alínea d) do n.º 3 do art. 116.º)*.

PARTE III

FUSÕES TRANSFRONTEIRIÇAS

CAPÍTULO I

Introdução

1. A Directiva **2005/56/CE**[148] do Parlamento Europeu e do Conselho, de 26 de Outubro de 2005 [publicada no Jornal Oficial L 310/1 de 25.11.2005], regulou as fusões transfronteiriças das sociedades de responsabilidade limitada.

De acordo com a Directiva [Preâmbulo (2)], entende-se que existe fusão transfronteiriça de sociedades de responsabilidade limitada, previsão que impõe a aplicação da directiva, quando:

- As sociedades são constituídas de acordo com a legislação de um Estado-Membro;
- A sede estatutária, administração central ou estabelecimento principal das sociedades se situe no território da Comunidade.
- Desde que pelo menos duas dessas sociedades sejam regidas pela legislação de diferentes Estados-Membros.
- Desde que os estados autorizem a fusão entre esse tipo de sociedades [alínea a) do n.º 1 do art. 4.º da Directiva]

2. São consideradas sociedades de responsabilidade limitada (n.º 1 do art. 2.º da Directiva):

---

[148] A ser transporta para o ordenamento jurídico português até 15 de Dezembro de 2007.

a) Uma das sociedades referidas no artigo 1.º[149] da Directiva 68/151/CEE[150], ou

b) Uma sociedade cujo capital é representado por acções, com personalidade jurídica, que possua um património distinto que responda, por si só, pelas dívidas da sociedade e que esteja submetida, pela sua legislação nacional, a condições em matéria de garantias, tais como previstas pela Directiva 68/151/CEE, tendo em vista a protecção dos interesses tanto dos sócios como de terceiros;

3. A Directiva visa facilitar a realização de fusões transfronteiriças entre sociedades de responsabilidade limitada propondo um quadro legislativo simplificado.

A directiva destina-se a identificar a lei aplicável (em caso de fusão) a cada uma das sociedades objecto de fusão. Uma vez criada a nova sociedade resultante da fusão, só é aplicada uma legislação nacional: a do Estado-Membro em que a sociedade *resultante* estabeleceu a sua sede.

Com efeito, de acordo com o n.º (7) do Preâmbulo para facilitar as operações de fusão transfronteiriça, deverá prever-se que o controlo da

---

[149] O qual, na sua primeira redacção dispunha o seguinte:

Artigo 1.º

As medidas de coordenação prescritas pela presente directiva aplicam-se às disposições legislativas, regulamentares e administrativas dos Estados-membros relativas aos seguintes tipos de sociedades:

(...);

– para a Bélgica:

(...)

– para a França:

La société anonyme, la société en commandite par actions, la société à responsabilité limitée;

– para a Itália:

società per azioni, società in accomandita per azioni, società a responsabilità limitata

– para o Luxemburgo:

la société anonyme, la société en commandite par actions, la société à responsabilité limitée;

(...)

[150] De 9 de Março de 1968, Alterada pela Directiva 2003/58/CE do Parlamento Europeu e do Conselho de 15 de Julho de 2003.

Fusões Transfronteiriças

realização e da legalidade do processo de tomada de decisões de cada sociedade objecto de fusão seja efectuado pela autoridade nacional competente relativamente a cada uma dessas sociedades, enquanto o controlo da realização e da legalidade da fusão transfronteiriça deverá ser efectuado pela autoridade nacional da sociedade resultante da fusão transfronteiriça.

4. A Directiva não prejudica a aplicação da legislação relativa ao controlo das concentrações entre empresas, tanto a nível comunitário, por meio do Regulamento (CE) n.º 139/2004, como a nível dos Estados--Membros [Preâmbulo (9)].

CAPÍTULO II

Âmbito de aplicação

1. Os Estados-Membros podem decidir não aplicar a directiva às fusões transfronteiriças nas quais participa uma sociedade cooperativa, mesmo quando esta seja abrangida pela noção de sociedade de responsabilidade limitada (n.º 2 do art. 3.º da Directiva).

2. A Directiva não é aplicável às fusões transfronteiriças que envolvam uma sociedade cujo objecto seja o investimento colectivo de capitais obtidos junto do público, cujo funcionamento esteja sujeito ao princípio da diversificação dos riscos e cujas participações sejam, a pedido dos accionistas, reembolsadas ou resgatadas, directa ou indirectamente, a partir dos elementos do activo dessa sociedade (n.º 3 do art. 3.º da Directiva).

CAPÍTULO III

Condicionamentos

Dispõe o artigo 4.º da Directiva:

Condições relativas às fusões transfronteiriças

1. Salvo disposição em contrário da presente directiva:

96 *Fusão de Sociedades Comerciais*

a) As fusões transfronteiriças só são possíveis entre tipos de socie-dades que se possam fundir nos termos da legislação nacional dos Estados-Membros pertinentes; e

b) Uma sociedade que participe numa fusão transfronteiriça rege-se pelas disposições e formalidades do direito nacional a que está sujeita. As leis de um Estado-Membro que permitam às suas autoridades nacionais opor-se a uma fusão interna por razões de interesse público também se aplicam a uma fusão transfrontei-riça, quando pelo menos uma das sociedades objecto da fusão esteja sujeita à legislação desse Estado-Membro. A presente disposição não é aplicável se o artigo 21.º do Regulamento (CE) n.º 139/2004 o for.

2. As disposições e formalidades a que se refere a alínea b) do n.º 1 dizem respeito, em particular, ao processo de tomada de decisão relativo à fusão e, tendo em conta o seu carácter transfronteiriço, à protecção dos credores das sociedades objecto de fusão, dos obrigacio-nistas e dos detentores de títulos ou acções, bem como dos trabalhadores no que diz respeito aos direitos que não sejam os regulados pelo artigo 16.º. Os Estados-Membros podem, relativamente às sociedades parti-cipantes numa fusão transfronteiriça e que se rejam pela sua legislação, adoptar disposições destinadas a assegurar uma protecção adequada dos seus sócios minoritários que se tenham pronunciado contra a fusão transfronteiriça.

CAPÍTULO IV

Procedimentos

TÍTULO I

Projecto

1. Os órgãos de direcção ou de administração de cada uma das sociedades objecto de fusão elaboram um **projecto comum de fusão transfronteiriça** [art. 5.º da Directiva];

2. A directiva define o conteúdo mínimo do projecto comum, de acordo com os seguintes parâmetros (artigo 5.º da Directiva):

a) *A forma, a firma e a sede estatutária das sociedades objecto de fusão, bem como da sociedade resultante da fusão transfronteiriça;*

b) *O rácio aplicável à troca das acções ou outros títulos representativos do capital social e o montante de eventuais pagamentos em dinheiro;*

c) *As regras para a transferência de acções ou outros títulos representativos do capital social da sociedade resultante da fusão transfronteiriça;*

d) *As prováveis repercussões da fusão transfronteiriça no emprego;*

e) *A data a partir da qual estas acções ou títulos representativos do capital social conferem o direito de participação nos lucros, bem como quaisquer condições especiais relativas a esse direito;*

f) *A data a partir da qual as operações das sociedades objecto de fusão serão consideradas, do ponto de vista contabilístico, operações da sociedade resultante da fusão transfronteiriça;*

g) *Os direitos conferidos pela sociedade resultante da fusão transfronteiriça a sócios que gozam de direitos especiais e aos detentores de acções ou títulos diferentes dos representativos do capital social ou as medidas previstas em relação aos mesmos;*

h) *Quaisquer privilégios especiais atribuídos aos peritos que estudam o projecto de fusão transfronteiriça, bem como aos membros dos órgãos de administração, de direcção, de fiscalização ou de controlo das sociedades objecto de fusão;*

i) *Os estatutos da sociedade resultante da fusão transfronteiriça;*

j) *Se for caso disso, as informações sobre os procedimentos de acordo com os quais são fixadas, em conformidade com o artigo 16.o, as disposições relativas à intervenção dos trabalhadores na definição dos respectivos direitos de participação na sociedade resultante da fusão transfronteiriça;*

k) *As informações sobre a avaliação do activo e do passivo transferidos para a sociedade resultante da fusão transfronteiriça;*

l) *A data do encerramento das contas das sociedades que participam na fusão utilizadas para definir as condições da fusão transfronteiriça.*

3. O Projecto deve ser publicado de acordo com as modalidades previstas na legislação de cada Estado-Membro em conformidade com a Directiva relativa à Publicidade das Sociedades de Capitais [do art. 3.º Primeira Directiva 68/151/CEE do Concelho, de 9 de Março de 1968, modificada pela Decisão do Concelho 73/101/CEE e Directiva 2003/58/ /CE], pelo menos um mês antes da reunião da assembleia-geral que deve pronunciar-se a este respeito (artigo 6.º da Directiva).

4. Os órgãos de direcção ou de administração das sociedades objecto de fusão elaboram um **relatório sobre o projecto de fusão transfronteiriça**, destinado aos sócios e aos trabalhadores, que explique os aspectos jurídicos e económicos e as implicações da fusão transfronteiriça (art. 7.º da Directiva).

5. Com base nos documentos acima referidos, a assembleia-geral de cada uma das sociedades objecto de fusão decidirá sobre a aprovação do projecto comum de fusão transfronteiriça (n.º 1 do art. 9.º da Directiva).

TÍTULO II

Fiscalização da legalidade

1. É elaborado um **relatório** por **peritos independentes** para analisar a fusão.

2. Poder-se-á prescindir deste relatório desde que acordado por todos os sócios de cada uma das sociedades que participam na fusão.

3. O relatório dos peritos bem como o relatório sobre o projecto de fusão transfronteiriça devem ser facultados pelo menos um mês antes da data da reunião da assembleia-geral.
(art. 8.º da Directiva)

4. Cada Estado-Membro designará a autoridade competente para fiscalizar a legalidade da fusão transfronteiriça no que diz respeito <u>à parte do processo relativa a cada uma das sociedades objecto de fusão</u> e que estão abrangidas pela sua legislação nacional. Esta entidade emitirá um **certificado prévio à fusão** que comprove o correcto cumprimento dos actos e das formalidades prévias à fusão (art. 10.º da Directiva).

Fusões Transfronteiriças 99

5. Cada Estado-Membro designa a autoridade competente para fiscalizar a legalidade da fusão transfronteiriça no que diz respeito à parte do processo respeitante à fusão transfronteiriça e, se for caso disso, à constituição de uma nova sociedade resultante da fusão transfronteiriça quando a sociedade resultante da fusão transfronteiriça estiver abrangida pela sua legislação nacional. A entidade indicada deve verificar se as sociedades objecto de fusão aprovaram o projecto comum de fusão transfronteiriça nos mesmos termos (art. 10.º da Directiva).

CAPÍTULO V

Efeitos jurídicos

1. Após a fiscalização da legalidade, a legislação do Estado-Membro que rege a sociedade resultante da fusão transfronteiriça determina a data em que a fusão produz efeitos, bem como as modalidades da publicidade da fusão no registo público (art. 12.º da Directiva).

2. O registo em que se deve inscrever a sociedade resultante da fusão transfronteiriça notificará imediatamente o registo em que cada uma das sociedades teve de depositar actos de que a fusão transfronteiriça começou a produzir efeitos. O cancelamento da inscrição anterior, caso se aplique, só pode ser efectuado após recepção dessa notificação (art. 13.º da Directiva).

3. As fusões transfronteiriças implicam os efeitos seguintes (art. 14.º da Directiva):

- As sociedades incorporadas, ou as sociedades objecto de fusão, deixam de existir.
- Todo o património activo e passivo das sociedades objecto da fusão é transferido para a nova sociedade (quer a sociedade que incorpora, quer a nova sociedade).
- Os sócios das sociedades objecto da fusão tornam-se sócios da nova sociedade.

4. Sempre que a legislação dos Estados-Membros impuser formalidades especiais em relação à oponibilidade de terceiros da transferência de determinados bens, direitos e obrigações das sociedades objecto de

100 *Fusão de Sociedades Comerciais*

fusão, a sociedade resultante da fusão é responsável por estas formalidades.

CAPÍTULO VI

Participação dos trabalhadores

1. No que diz respeito aos direitos dos trabalhadores, nomeadamente aos da sua participação, o princípio geral é que sejam aplicáveis as disposições dos Estados-Membros da sociedade resultante da fusão transfronteiriça, referidas na Directiva 98/59//CE do Conselho, de 20 de Julho de 1998, respeitante aos despedimentos colectivos (JOCE. – L225, de 12.8.1998, p. 16), na Directiva 2001/23/CE do Conselho, de 12 de Março de 2001, relativa à manutenção dos direitos dos trabalhadores em caso de transferências de empresas ou de partes de empresas ou de estabelecimentos (JOCE. – L82, de 22.3.2001, p. 16), na Directiva 2002//14/CE do PE e do Conselho, de 11 de Março de 2002, que estabelece um quadro geral relativo à informação e à consulta dos trabalhadores na Comunidade Europeia (JOCE. – L80, de 23.3.2002, p. 29), e na Directiva 94/45/CE do Conselho, de 22 de Setembro de 1994, relativa à instituição de um conselho de empresa europeu ou de um procedimento de informação e consulta dos trabalhadores nas empresas ou os grupos de empresas de dimensão comunitária (JOCE. – L254, de 30.9.1994, p. 64. Directiva alterada pela Directiva 97/74/CE (JOCE. – L10, de 16.1.1998, p. 22)), com o objectivo de informar e consultar os trabalhadores" (ponto 12 do preâmbulo; art. 16.º da Directiva).

2. A título de excepção, os princípios e as modalidades relativos à participação dos trabalhadores, fixados pelo regulamento e pela Directiva relativa à Sociedade Europeia (SE), são aplicáveis nas condições seguintes:

- Se pelo menos uma das sociedades objecto da fusão tiver durante os seis meses que antecedem a publicação do projecto de fusão transfronteiriça, um número médio de trabalhadores superior a 500 e for gerida segundo um regime de participação dos trabalhadores.
- Se a legislação nacional aplicável à sociedade resultante da fusão transfronteiriça não previr pelo menos o mesmo nível de partici-

pação que o que se aplica às sociedades objecto de fusão, avaliado em função do número de membros dos órgãos de direcção responsáveis pelas unidades lucrativas das sociedades, na condição de haver uma representação dos trabalhadores.

- Se a legislação nacional aplicável à sociedade resultante da fusão transfronteiriça não previr que os trabalhadores dos estabelecimentos da sociedade resultante da fusão transfronteiriça situados noutros Estados-Membros possam exercer direitos de participação iguais aos dos trabalhadores empregados no Estado-Membro em que está situada a sede estatutária da sociedade resultante da fusão transfronteiriça.

3. No âmbito da "Directiva que completa o estatuto da <u>Sociedade Europeia</u> no que diz respeito ao envolvimento dos trabalhadores", o limiar para a aplicação das disposições de referência previstas relativamente à sociedade europeia é aumentado para 33 1/3 % do número total de trabalhadores em todas as sociedades objecto da fusão que tiveram de ser geridas segundo um regime de participação dos trabalhadores.

4. Durante três anos após a data em que a fusão transfronteiriça começou a produzir efeitos, os direitos dos trabalhadores são protegidos em caso de subsequentes fusões a nível nacional.

5. As disposições relativas à participação dos trabalhadores são aplicáveis no que diz respeito a qualquer fusão a nível nacional subsequente a uma fusão transfronteiriça durante três anos após a data em que a fusão transfronteiriça começou a produzir efeitos.

PARTE IV
REGIME FISCAL DA FUSÃO

CAPÍTULO I
Introdução

1. Já anteriormente se definiu o que é que a lei comercial entende por "fusão" de sociedades comerciais (cf. *art. 97.º*).

2. No aspecto contabilístico, a fusão (definida na Directriz Contabilística n.º 1/91 – concentração de actividades empresariais[151]) será a operação em que duas ou mais empresas anteriormente independentes se fundem, o que pode ocorrer por absorção de uma ou mais empresas por outra; ou por constituição de uma nova empresa à custa da dissolução de outras [alínea a) do 2.1. da directriz].

3. Para a lei fiscal [Código do IRC (CIRC), artigos 67.º a 69.º] a noção é mais abrangente, já que é considerada uma operação de fusão:

❖ A transferência global do património de uma ou mais sociedades para outra já existente – sociedade beneficiária – (fusão por incorporação). Em contrapartida a sociedade beneficiária entrega quotas ou acções representativas do seu capital social e eventualmente quantias em dinheiro que não poderão ultrapassar 10%

---

[151] Que seguiu os princípios da Norma Internacional de Contabilidade n.º 22 [emitida ao abrigo do Regulamento (CEE) do Parlamento Europeu e do Conselho n.º 1606/2002 de 19/7, o qual, para harmonizar as informações financeiras das sociedades, teve como objectivo (art. 1.º) a aplicação de Normas Internacionais de Contabilidade na Comunidade (**IAS** –*International Accounting Standards*, que passam a denominar-se **IFRS** – *International Financial Reporting Standard*)], substituída em Março de 2004 pela IFRS 3.

do valor nominal das participações atribuídas -*alínea a) do n.º 4 e n.º 5 do artigo 97.º* – [alínea a) do n.º 1 do art. 67.º do CIRC];

❖ A constituição de uma nova sociedade para a qual se transferem os patrimónios das sociedades fundidas e se atribuem aos sócios e accionistas partes representativas do capital da nova sociedade (fusão por concentração). Também poderão ser atribuídas quantias em dinheiro que não deverão exceder 10% do valor nominal das participações atribuídas – *alínea b) do n.º 4 e n.º 5 do artigo 97.º do Código das Sociedades Comerciais* – [alínea b) do n.º 1 do art. 67.º do CIRC];

❖ A transferência dos activos e passivos da sociedade fundida para a sociedade beneficiária que já é detentora da totalidade das partes representativas do capital social da primeira [alínea c) do n.º 1 do art. 67.º do CIRC].

❖ Considera-se entrada de activos a operação pela qual uma sociedade (sociedade contribuidora) transfere, sem que seja dissolvida, o conjunto ou um ou mais ramos da sua actividade para outra sociedade (sociedade beneficiária), tendo como contrapartida partes do capital social da sociedade beneficiária [n.º 3 do art. 67.º do CIRC].

4. O regime fiscal sobre a determinação do momento a partir do qual uma fusão é considerada (para efeitos contabilísticos e fiscais), não é exactamente o mesmo que é consagrado na lei comercial (que permite determinada flexibilidade pela vontade das partes), já que é a data determinada no projecto de fusão, a partir da qual, do ponto de vista contabilístico, as operações das sociedades são consideradas, como efectuadas por conta da sociedade beneficiária, <u>desde que se situe no mesmo período de tributação dos efeitos jurídicos da operação</u> (n.º 7 do artigo 68.º do CIRC).

Quando seja aplicável o disposto no número anterior, os resultados realizados pelas sociedades a fundir durante o período decorrido entre a data fixada no projecto e a data da produção de efeitos jurídicos da operação são transferidos para efeitos de serem incluídos no lucro tributável da sociedade beneficiária respeitante ao mesmo período de tributação em que seriam considerados por aquelas sociedades (n.º 8 do artigo 68.º do CIRC).

Irá assim analisar-se sumariamente o Regime Fiscal aplicável às fusões de sociedades, quer na perspectiva das sociedades intervenientes, como na dos sócios.

CAPÍTULO II

O regime fiscal da fusão na perspectiva das sociedades intervenientes

Agora, apenas nesta perspectiva, serão sucintamente abordadas as várias vertentes fiscais na fusão de sociedades, por tipo de imposto.

TÍTULO I

Em sede de Imposto sobre Rendimentos das Pessoas Colectivas (IRC)

1. Está consagrado um Regime Especial de Tributação (**Regime da Neutralidade Fiscal**) que resulta do pressuposto de que a transferência dos direitos e das obrigações das sociedades fundidas, implica a continuidade do exercício da actividade pela sociedade «resultante».

2. Este Regime estabelece os princípios seguintes:

a) Na determinação do **lucro tributável** das sociedades fundidas (n.º 1 do artigo 68.º do CIRC):

❖ No caso de entrada de activos, não é considerado qualquer resultado derivado da transferência dos elementos patrimoniais em consequência da fusão [alínea a) do n.º 4 do artigo 68.º do CIRC]:

❖ Não são considerados como proveitos ou ganhos (nos termos do n.º 2 do artigo 34.º) as **provisões** constituídas e aceites para efeitos fiscais – que seguem o regime que lhes era aplicável nas sociedades fundidas – [alínea c) do n.º 4 do artigo 68.º do CIRC], que respeitem aos créditos, existências e obrigações e encargos objecto de transferência, com excepção das que respeitem a estabelecimentos estáveis situados fora do território português quando estes são transferidos para entidades não residentes, desde que ocorram as situações previstas nas alíneas deste n.º 1 do art. 68.º.

❖ As reintegrações ou amortizações sobre os elementos do activo imobilizado transferidos são efectuadas de acordo com o regime que vinha sendo seguido nas sociedades fundidas, cindidas ou na sociedade contribuidora [alínea b) do n.º 4 do artigo 68.º do CIRC].

b) Quando a sociedade *resultante* detém partes de capital das sociedades fundidas não é considerado lucro tributável a mais ou menos valia pela **anulação da parte de capital** detida em consequência da fusão (n.º 6 artigo 68.º CIRC).

3. São requisitos da aplicação do Regime:

Aplica-se às operações de fusão em que intervenham:

a) Sociedades com sede ou direcção efectiva em território português sujeitas e não isentas de IRC, desde que o lucro tributável não seja determinado pelo regime simplificado [alínea a) do n.º 7 do artigo 67.º CIRC];

b) Sociedade(s) de outro(s) Estado(s) membro(s) da União Europeia, desde que constem da lista do artigo 3.º da Directiva n.º 90/434/ /CEE[152] do Conselho de 23 de Julho de 1990 [alínea b) do n.º 7 do artigo 67.º CIRC];

4. São condições para aplicação do Regime:

Quando se verifica a transferência de activos imobilizados não há lugar a tributação em sede de IRC desde que a sociedade *resultante* cumpra as seguintes condições:

a) Os elementos patrimoniais objecto de transferência sejam registados na contabilidade da sociedade *resultante* pelos mesmos valores [princípio da *integridade contabilística*[153]] que tinham na

---

[152] Que regula o regime fiscal das fusões e foi alterada pela Directiva 2005/19/ /CE do Conselho de 17 de Fevereiro de 2005.

[153] Ou contabilização da fusão pelo «método da comunhão de interesses» (*pooling of interests method*), previsto na Directriz Contabilística n.º 1.

contabilidade das sociedades fundidas [alínea a) do n.º 3 do artigo 68.º CIRC];

Para o efeito, a sociedade *resultante* deverá aplicar o «método da comunhão de interesses» referido na DC 1, desconsiderando qualquer *goodwill* e não aplicará a correcção ao valor de transmissão de direitos reais sobre imóveis previsto no artigo 58.º – A do CIRC;

b) Os valores relativos a <u>elementos patrimoniais transferidos</u> (activos, amortizações, reintegrações e reavaliações) deverão respeitar as disposições da legislação de carácter fiscal (ex.: CIRC, Decreto Regulamentar 2/90, Decreto-Lei n.º 31/98 de 11 de Fevereiro, entre outros) [alínea b) do n.º 3 do artigo 68.º CIRC];

c) O apuramento dos <u>resultados</u> respeitantes aos <u>elementos patrimoniais</u> transferidos é efectuado como se não tivesse havido fusão [alínea a) do n.º 4 do artigo 68.º CIRC];

d) As <u>amortizações</u> e <u>reintegrações</u> dos activos transferidos têm de ser efectuados de acordo com o regime que vinha a ser seguido nas sociedades fundidas [alínea b) do n.º 4 do artigo 68.º CIRC].

A quota de reintegração e amortização que poderá ser aceite como custo do exercício é determinada tendo em conta o número de meses em que os activos estiveram em funcionamento nas sociedades fundidas e na sociedade beneficiária para a qual se transmitem em consequência da fusão [alínea c) do n.º 3 do artigo 7.º do Decreto Regulamentar n.º 2//90 de 12 de Janeiro de 1990].

e) As <u>provisões</u> que foram transferidas deverão ter para efeitos fiscais o mesmo tratamento que era aplicado nas sociedades fundidas [alínea c) do n.º 4 do artigo 68.º CIRC].

f) Para efeitos da determinação do lucro tributável da sociedade contribuidora, as mais-valias ou menos-valias realizadas respeitantes às partes de capital social recebidas em contrapartida da entrada de activos são calculadas considerando como valor de aquisição destas partes de capital o valor líquido contabilístico que os elementos do activo e do passivo transferidos tinham na contabilidade dessa sociedade [n.º 5 do artigo 68.º CIRC].

g) Quando a sociedade beneficiária detém uma participação no capital das sociedades fundidas ou cindidas, não concorre para a

108 *Fusão de Sociedades Comerciais*

formação do lucro tributável a mais-valia ou a menos-valia eventualmente resultante da anulação das partes de capital detidas naquelas sociedades em consequência da fusão ou cisão [n.º 6 do artigo 68.º CIRC].

5. Prejuízos fiscais

5.1. Os prejuízos fiscais das sociedades fundidas, mediante autorização do Ministro das Finanças (n.º 1 do artigo 69.º CIRC), podem ser deduzidos caso a sociedade *resultante/beneficiária* (nova sociedade, ou sociedade incorporante) tenha lucros tributáveis nos seis exercícios posteriores a que os mesmos se reportam.

5.2. Para este efeito é necessário demonstrar-se que a fusão é realizada por razões económicas válidas, tais como a reestruturação ou racionalização das actividades das sociedades intervenientes, e se insere numa estratégia de redimensionamento e desenvolvimento empresarial de médio ou longo prazo, com efeitos positivos na estrutura produtiva (n.º 2 do artigo 69.º CIRC).

5.3. Para tal a sociedade deverá entregar um requerimento até ao fim do mês seguinte ao do registo da fusão na Conservatória do Registo Comercial acompanhado dos elementos constantes do n.º 2 da Circular n.º 7/2005 (sobre a transmissibilidade de prejuízos fiscais em casos de fusão, cisão e entrada de activos), de 16 de Maio da Direcção de Serviços do IRC[154], necessários ou convenientes para o perfeito conhecimento da

---

[154] Que se elencam:

a) Cópia do projecto de fusão;

b) Estudo demonstrativo das vantagens económicas da operação de fusão;

c) Cópia do parecer do ROC independente;

d) Cópia do pedido de registo da operação na Conservatória do Registo Comercial competente;

e) Informação sobre os lucros tributáveis previsíveis da nova sociedade ou da sociedade incorporante para os seis exercícios seguintes ao da operação;

f) Cópia dos balanços e das demonstrações de resultados de todas as sociedades envolvidas na operação referentes aos três exercícios anteriores ao da operação;

g) Cópias dos balanços e das demonstrações de resultados previsionais para os três exercícios seguintes ao da operação da nova sociedade ou da sociedade incorporante;

h) Documento comprovativo da inexistência de dívidas à Segurança Social das sociedades fundidas e da incorporante.

operação visada, tanto nos seus aspectos jurídicos como económicos (n.º 2 do artigo 69.º CIRC).

Se o Ministro das Finanças autorizar a transmissibilidade dos prejuízos, este pode fixar um plano específico de dedução dos mesmos (n.º 4 do artigo 69.º).

5.4. De acordo com a alínea c) do n.º 1 da Circular n.º 7/2005, de 16 de Maio, a dedução dos prejuízos fiscais transmitidos deverá, como regra, ser limitada, em cada exercício, à percentagem do lucro tributável da sociedade beneficiária/*resultante*.

Esta percentagem é a correspondente à proporção entre o valor do património líquido da sociedade fundida e o valor do património líquido de todas as sociedades envolvidas na operação, determinados com base no último balanço anterior à fusão.

Atendendo ao tipo de fusão poderá ser aplicado, se mais favorável ao contribuinte (em relação ao regime das regras acima descritas), o seguinte:

❖ Fusão por incorporação, até ao limite do acréscimo do lucro tributável da sociedade beneficiária relativamente ao lucro tributável por esta obtido no exercício anterior ao da fusão adicionado, quando for o caso, dos lucros tributáveis das demais sociedades fundidas, com excepção da sociedade transmitente dos prejuízos, apurados nesse mesmo exercício [alínea a) do n.º 1 da Circular n.º 7/2005];

❖ Fusão por concentração, até à concorrência do acréscimo de lucro tributável da nova sociedade relativamente ao resultado da soma dos lucros tributáveis obtidos pelas sociedades fundidas, com excepção da sociedade transmitente dos prejuízos, no exercício anterior ao da fusão [alínea b) do n.º 1 da Circular n.º 7/ /2005].

5.5. Sempre que num grupo de sociedades (durante ou imediatamente após o período de aplicação do regime especial de tributação dos grupos de sociedades, previsto no art. 63.º do CIRC) uma das sociedades incorpore as restantes ou haja a criação de uma nova sociedade, a sociedade dominante pode requerer ao Ministro das Finanças a dedução dos prejuízos fiscais do grupo no lucro tributável da sociedade beneficiária/nova (n.º 6 do artigo 69.º CIRC).

110 *Fusão de Sociedades Comerciais*

O requerimento deverá ser efectuado no prazo de 90 dias após o registo da fusão e deverá conter todos os já identificados elementos constantes do n.º 2 da Circular n.º 7/2005, de 16 de Maio, da Direcção de Serviços do IRC.

6. Declarações complementares (Obrigações Acessórias – art. 72.º do CIRC)

As sociedades fundidas que transferem elementos patrimoniais activos para a sociedade beneficiária deverão instruir o seu processo de documentação fiscal com os seguintes documentos:

❖ Caso se verifiquem os requisitos da neutralidade fiscal, com a Declaração emitida pela sociedade *resultante* que observou e cumpriu o disposto nos n.ºs 3 e 4 do artigo 68.º CIRC.

❖ Declaração comprovativa, confirmada c autenticada pelas autoridades fiscais desse Estado, caso existam sociedades intervenientes no processo de fusão provenientes de outro Estado-membro, de que ali são residentes e atestando que se encontram nas condições estabelecidas no artigo 3.º da Directiva n.º 90/434/CEE, de 23 de Julho.

7. Excepções ao Regime de neutralidade fiscal

7.1. O regime especial não é aplicável sempre que se verifique uma das seguintes situações:

a) Sejam transmitidos navios ou aeronaves, ou bens afectos à sua exploração, para uma entidade de navegação marítima ou aérea internacional não residente em território português (n.º 8 do artigo 67.º CIRC);

b) Sempre que se conclua que as operações abrangidas pela fusão tiveram como principal objectivo a evasão fiscal, o que se considera verificado sempre que as sociedades intervenientes não tenham a totalidade dos seus rendimentos sujeitos ao mesmo regime de tributação em IRC, ou as operações não tenham sido realizadas por razões economicamente válidas. Apenas neste caso está prevista a possibilidade de aplicação parcial do regime especial das fusões [n.º 10 do artigo 67.º CIRC];

c) Sempre que um estabelecimento estável que se situe fora do país seja transferido para uma entidade não residente (n.º 1 do artigo 68.º CIRC);

Regime Fiscal da Fusão 111

d) Quando um estabelecimento estável situado em território Português é transferido para um residente de um Estado-membro da União Europeia.

e) Quando a transferência, de um estabelecimento estável sito na União Europeia, é efectuada entre sociedades residentes em Portugal.

f) Se os elementos patrimoniais objecto de transferência não forem registados na contabilidade da sociedade beneficiária/nova pelos mesmos valores que tinham na contabilidade das sociedades fundidas, haverá tributação das mais valias desses elementos (n.º 3 do artigo 68.º CIRC *a contrario*), ou seja, sempre que a sociedade beneficiária/nova aplicar o «método de compra» previsto na Directriz Contabilística n.º 1, pelo qual, os activos são transferidos pelos seus justos valores, relevando neste caso qualquer *goodwill* existente.

7.2. Assim, de acordo com o artigo 43.º do CIRC, as mais valias serão calculadas da seguinte forma:

±Valias = Valor Realização − (Valor Aquisição − Amortizações Acumuladas) Coef. Desvalorização Moeda Maior de Valor de Mercado/Valor Patrimonial Tributário IMT
[artigo 44.º n.º 2, artigo 43.º. 3-d) e 58.ºA, todos do C.I.R.C.]

Sempre que os valores relativos a elementos patrimoniais transferidos (ex.: activos, provisões, amortizações, reintegrações e reavaliações) não respeitem as disposições da legislação de carácter fiscal deverão ser efectuados os ajustamentos necessários ao lucro tributável da sociedade beneficiária/nova [alínea b) do n.º 3 do artigo 68.º CIRC].

TÍTULO II

Em sede do Imposto Municipal
de Transmissão de Imóveis (IMT) e Emolumentos

1. As transmissões de bens imóveis por fusão de sociedades estão sujeitas a IMT [alínea g) do n.º 5 do artigo 2.º do Código do IMT (CIMT)]

2. O imposto incide sobre:

❖ O valor tributário de todos os imóveis das sociedades fundidas que se transferiram para o activo da sociedade *resultante*; ou
❖ Sobre o valor por que estes bens entraram no activo desta sociedade, se superior [regra 13.ª do n.º 4.º do artigo 12.º do CIMT].

3. No artigo 17.º do CIMT [alíneas c) e d) do n.º 1] encontram-se estipuladas as taxas de tributação para os outros prédios urbanos (6,5%) e para os prédios rústicos (5%).

TÍTULO III

Em sede de Imposto sobre o Valor Acrescentado (IVA)

Não são consideradas transmissões as cessões a título oneroso ou gratuito do estabelecimento comercial, da totalidade de um património ou de uma parte dele, que seja susceptível de constituir um ramo de actividade independente, quando, em qualquer dos casos, o adquirente seja, ou venha a ser, pelo facto da aquisição, um sujeito passivo do imposto de entre os referidos na alínea a) do n.º 1 do artigo 2.º.

Assim, nas operações de fusão não há lugar a liquidação de IVA. [n.º 4 do artigo 3.º do Código do IVA]

TÍTULO IV

Em sede de Imposto do Selo (IS)

As operações de fusões podem dar origem à celebração de vários actos (ex.: registos, procurações, contratos, etc.) que possam estar sujeitos, segundo o n.º1 do artigo 1.º do Código do IS, ao imposto do selo às taxas previstas no ponto 15 da Tabela Geral (TG).

Também as transmissões de imóveis encontram-se sujeitas a este imposto de acordo com o n.º 4 do mesmo artigo com uma taxa de 0,8% (ponto 1.1 da Tabela Geral) sobre a mesma base utilizada para o IMT (artigo 13.º CIS).

TITULO V

Benefícios fiscais

Como anteriormente se realçou,[155] a fusão acarreta uma forma de «concentração», pelo que o regime do EBF [Estatuto dos Benefícios Fiscais] pode ser-lhe aplicável e nesta medida a ele alude-se brevemente. Assim, a todas as empresas que exerçam a título principal, uma actividade económica (agrícola, industrial, comercial ou de prestação de serviços) e, que se reorganizem, através de operações de concentração ou acordos de cooperação[156], poderão ser concedidos os seguintes benefícios fiscais/ económicos), de acordo com o n.º 1 do art. 56.º-B [introduzido pelo n.º 2 do art. 83.º da Lei n.º 53-A/2006 de 29 de Dezembro] do EBF (integrado num novo Capítulo IX) aprovado pelo Decreto-Lei n.º 215/89, de 1 de Julho:

❖ Isenção de IMT (transmissões onerosas de bens imóveis), relativamente a todos os imóveis, não destinados a habitação, necessários à concentração ou à cooperação [alínea a)];

❖ Isenção de imposto de selo (IS), na transmissão dos imóveis anteriormente aludidos [alínea b)];

❖ Isenção de imposto de selo (IS), na constituição, aumento de capital social ou do activo de uma sociedade, unicamente relativo aos capitais necessários à concentração ou cooperação [alínea b)];

❖ Isenção dos emolumentos notariais e demais encargos legais, relativamente a todos os actos inseridos na operação de «concentração» [alínea c)];

A presente panóplia de eventuais "benefícios", corresponde à filosofia e redacção do anterior regime jurídico consagrado no DL 404/90, já inserido em sede de EBF, no Deoreto-Lei N.º 198/2001 de 3 de Julho – EBF[157].

---

[155] Cf. Nota de rodapé n.º 75 e **2.** do **Título I**, do **Capítulo I**, da **Parte I**. O EBF considera expressamente *a fusão* como um acto de «concentração» [cf. alínea a) do n.º 3 do art. 56.º-B].

[156] Entendidos à luz do regime legal aplicável às «concentrações» ou «acordos de empresas».

[157] Aditado pela Lei N.º 53-A/2006, de 29 de Dezembro.

Fusão de Sociedades Comerciais

2. De acordo com o n.º 5 do art. 56.º-B. os benefícios em causa só podem ser concedidos, quando **cumulativamente se verifiquem, os seguintes pressupostos:**

I. *A operação de concentração ou cooperação empresarial não prejudica, de forma significativa, a existência de um grau desejável de concorrência no mercado e tem efeitos positivos em termos do reforço da competitividade das empresas ou da respectiva estrutura produtiva, designadamente através de um melhor aproveitamento da capacidade de produção ou comercialização ou do aperfeiçoamento da qualidade dos bens ou serviços das empresas* [alínea a) do n.º 5 do art. 56.º-B do EBF1;

II. *As sociedades envolvidas na operação exerçam, efectiva e directamente, a mesma actividade económica ou actividades económicas integradas na mesma cadeia de produção e distribuição do produto, compartilhem canais de comercialização ou processos produtivos ou, ainda, quando exista uma manifesta similitude ou complementaridade entre os processos produtivos ou os canais de distribuição utilizados* [alínea b) do n.º 5 do art. 56.º-B do EBF1;

3. Os benefícios em causa (a totalidade ou parte dos mesmos), são concedidos por despacho do Ministro das Finanças, precedido de informação da Direcção-Geral dos Impostos (DGCI) [n.º 6 do art. 83.º do EBF1.

A tramitação, que exige a consulta e intervenção de várias entidades (condicionalismo que eventualmente poderá arrastar o «processo da fusão»), será a seguinte [n.ᵒˢ 7 e segs. do art. 83.º do EBF]:

I. Entrega em duplicado de Requerimento na DGCI (Direcção Geral das Contribuições e Impostos), em nome das empresas interessadas (incorporante e incorporada), dirigido ao Ministro das Finanças, o qual será acompanhado, de **estudo demonstrativo das vantagens e dos elementos comprovativos das condições supra referidas**, a saber:

❖ A operação em causa, não prejudica, de forma significativa, a existência de um grau desejável de concorrência no mercado e tem efeitos positivos em termos do reforço da competitividade das empresas ou da respectiva estrutura produtiva, designadamente através de um melhor aproveitamento da capacidade de produção ou comercialização ou do aperfeiçoamento da qualidade dos bens ou serviços das empresas;

❖ As sociedades envolvidas na operação exerçam, efectiva e directamente, a mesma actividade económica ou actividades económicas integradas na mesma cadeia de produção e distribuição do produto, compartilhem canais de comercialização ou processos produtivos ou, ainda, quando exista uma manifesta similitude ou complementaridade entre os processos produtivos ou os canais de distribuição utilizados.

i. No Requerimento devem mencionar-se expressamente os actos (referentes ao processo da fusão) realizados ou ainda a realizar, (v.g. projecto de fusão, deliberações ou/e registos), e bem assim descreverem-se os actos materiais que serão adoptados, por forma à entidade decisora, ter a capacidade de analisar a tipologia de actos sobre os quais se requerem os aludidos benefícios fiscais.

ii. O Requerimento deverá ainda ser acompanhado de;
  a) Parecer emitido pelo Ministério da Tutela sobre a substância da operação de reorganização empresarial;
  b) Parecer sobre o estudo anteriormente referido em i), emitido pelo Ministério da Tutela, relativo à actividade da empresa;
  c) Parecer, emitido pela Autoridade da Concorrência, sobre a compatibilidade da operação projectada com a existência de um grau de concorrência no mercado.

iii. O Requerimento deve ser entregue **até à data de apresentação a registo dos actos de concentração ou cooperação ou, não havendo lugar a registo, à data da produção dos efeitos jurídicos desses actos.**

No caso da fusão, como esta está obrigatoriamente sujeita a registo, o requerimento deverá ser entregue antes da apresentação a registo.

Realça-se que, nos casos em que o acto da fusão tem de ser formalizado por escritura pública (porque envolve a transmissão de imóveis), o Notário, para realizar o acto, exigirá a prova do pagamento prévio do imposto que for devido, ou, em alternativa, a exibição do despacho do Ministro a conceder o benefício da isenção fiscal do respectivo imposto.

116   *Fusão de Sociedades Comerciais*

iv. Caso seja solicitada, a isencão do pagamento de emolumentos notariais e demais encargos, com os actos de génese pública, i.e., com intervenção de notário ou conservador, a DGCI, deverá solicitar **Parecer Externo, à Direccão-Geral dos Registos e do Notariado (DGRN)**, devendo o mesmo ser proferido nos 45 dias seguintes ao da recepção do pedido; presume-se que existe uma posição favorável se, a DGCI não receber o parecer de tal entidade no prazo de 45 dias, após a solicitação do pedido de parecer externo.

v. Nos casos em que os actos de concentração ou cooperação **precedam o despacho do Ministro das Finanças (pressupõe, a entrega** (no prazo supra referido) **do Requerimento com os demais pareceres e estudos legalmente exigidos junto da DGCI)**, as empresas interessadas podem solicitar o reembolso dos impostos, emolumentos e outros encargos legais que comprovadamente tenham suportado, **no prazo de um ano a contar da data de apresentação a registo dos actos de concentração ou cooperação** ou, não havendo lugar a registo, à data da produção dos efeitos jurídicos desses actos.

O pedido de reembolso deve ser dirigido às entidades competentes para a liquidação dos impostos, emolumentos ou encargos legais suportados (DGCI, DGRN).

CAPÍTULO III

O regime fiscal da fusão na perspectiva dos sócios

Os sócios das sociedades fundidas tanto podem ser pessoas colectivas, como pessoas singulares, pelo que o regime fiscal na perspectiva dos sócios deverá ser analisado de acordo com a natureza jurídica com que se apresentem os seus sócios: em sede de IRC quando forem pessoas colectivas, e em sede de IRS quando forem pessoas singulares.

Como se sabe, em resultado duma operação de fusão os sócios podem receber participações sociais da sociedade beneficiária e poderão receber ou não quantias em dinheiro que não excedam 10% do valor nominal [alíneas a) e b) do n.º 1 do artigo 67.º CIRC].

TÍTULO I

Em sede de Imposto sobre Rendimentos das Pessoas Colectivas (IRC)

1. Quando os sócios recebem as novas partes de capital não há lugar ao apuramento dos ganhos ou perdas para efeitos fiscais <u>desde que, na sua contabilidade, as novas participações sejam registadas pelo mesmo valor das participações da sociedade fundida</u> (n.º 1 do artigo 70.º do CIRC).

2. Se este condicionalismo não ocorrer os sócios perdem o benefício do regime especial do artigo 70.º e passam para o regime geral das mais e menos valias (artigos 42 n.º 3; 44.º n.º 2 e 3, 45.º n.º 4 do CIRC).

3. Este regime geral sofre as seguintes excepções:

a) Não concorrem para a formação do lucro tributável as mais e menos valias realizadas com transmissão de acções ou partes de capital cuja aquisição ocorreu antes de 01/01/89, uma vez que o regime transitório do artigo 18.ºA da aprovação do CIRC, as exclui.

b) Mais valias realizadas por <u>não residentes</u> de acordo com o artigo 26.º do Estatuto dos Benefícios Fiscais estão isentas de IRC, desde que:

> ➢ Não sejam detidas em mais de 25% por residentes [alínea a) do n.º 2];
> ➢ Não sejam residentes em paraíso fiscal (Portaria n.º 150/2004);
> ➢ Nem a transmissão de partes de capital seja relativa a sociedades residentes cujo activo seja constituído, em mais de 50%, por bens imobiliários aí situados [alínea d) do n.º 2];

c) As mais valias e as menos valias realizadas pelas Sociedades Gestoras de Participações Sociais (SGPS) e pelas Sociedades de Capital de Risco (SCR) mediante a transmissão onerosa, qualquer que seja o título por que se opere, de partes de capital de que sejam titulares, desde que detidas por período não inferior a um ano, e não sejam residentes em paraíso fiscal (Portaria n.º 150/2004) e bem assim os encargos financeiros suportados com a sua

118   *Fusão de Sociedades Comerciais*

aquisição, não concorrem para a formação do lucro tributável destas sociedades (n.º 2 do art. 31.º do EBF)

4. Se, em resultado do processo de fusão, os sócios receberem importâncias em dinheiro (estas importâncias estão sujeitas a retenção na fonte) estas deverão ser tributadas de acordo com o n.º 2 do artigo 70.º do CIRC.

5. Os sócios das sociedades fundidas devem instruir o processo de documentação fiscal (artigo 121.º do CIRC) com uma declaração donde conste a data, identificação da operação realizada e das entidades intervenientes, número e valor nominal das partes sociais entregues e recebidas, valor por que se encontravam registadas na contabilidade as partes sociais entregues e respectivas datas de aquisição, quantia em dinheiro eventualmente recebida, nível percentual da participação detida antes e após a operação de fusão (n.º 4 do artigo 72.º do CIRC).

TÍTULO II

Em sede de Imposto sobre Rendimentos das Pessoas Singulares (IRS)

1. Para os sócios, pessoas singulares, aplica-se um regime semelhante no sentido da não tributação das mais e menos valias de participações sociais realizadas em consequência de uma fusão.

A condição para a obtenção da isenção, é que as novas partes sociais continuem a ser valorizadas, para efeitos fiscais, pelo mesmo valor da participação da sociedade fundida [n.º 10, com referência ao n.º 8 do artigo 10.º Código do IRS (CIRS)].

2. Nos casos a seguir descritos, o regime especial supra referido não se aplica, ou seja, as mais e menos valias de participações de capital serão tributadas de acordo com o regime geral:

a) Se o sócio perder a qualidade de residente é tributado no ano em que se verifica a perda de qualidade (n.º 9 do artigo 10.º CIRS). O valor a tributar será a diferença entre o valor real da participação e o valor da participação antiga (artigo 43.º CIRS);

Regime Fiscal da Fusão 119

b) Se as novas partes sociais (da sociedade *resultante*) não continuarem a ser valorizadas, para efeitos fiscais, pelo mesmo valor da participação da sociedade fundida.

3. As mais valias provenientes de acções detidas pelo seu titular durante mais de doze meses não são tributadas (alínea a) do n.º 2 do artigo 10.º do CIRS).

4. Também se aplica a excepção ao regime geral indicado para o IRC relacionada com os não residentes (artigo 26.º do EBF).

5. À semelhança do que ocorre com as pessoas colectivas, as importâncias em dinheiro que sejam atribuídas aos sócios, em resultado do processo de fusão, deverão ser tributadas no âmbito da categoria E (n.º 1 do artigo 5.º do CIRS).

As importâncias atribuídas aos sócios em dinheiro estão sujeitas a retenção na fonte, efectuada pela sociedade beneficiária, quer sejam estes residentes ou não em território nacional, de acordo com as seguintes taxas:

❖ Residentes: 15% [alínea a) n.º1 do artigo 101.º do CIRS];
❖ Não residentes: 20% [alínea d) do n.º 3 do artigo 71.º do CIRS].

CAPÍTULO IV

Considerações Finais

1. O regime fiscal em vigor em Portugal baseia-se na Directiva 90/434/CEE de 23 de Julho de 1990.

Em 17 de Fevereiro de 2005 foi aprovada a Directiva 2005/19/CE que vem alterar parte da Directiva 90/434/CEE relativa ao regime fiscal comum aplicável às fusões (e ainda, cisões, entradas de activos e permutas de acções) entre sociedades de Estados-membros diferentes.

As alterações da Directiva 2005/19/CE deveriam ser transpostas para a regulamentação nacional até 1 de Janeiro de 2007, à excepção das disposições relativas à transferência de sede que deveriam ser transportas até 1 de Janeiro de 2006.

2. Dando cumprimento a parte da previsão da Directiva 2005/19/ /CE, o Estado Português transpôs para a legislação nacional as disposições relacionadas com a transferência de sedes de sociedades (Lei 60--A/2005 de 30 de Dezembro[158] que aprova o Orçamento de Estado para 2006)

Para tal incluiu, no Orçamento de Estado para 2006, na secção VI do capítulo III do CIRC a subsecção V-A com os artigos 76.ºA, B e C.

3. As Normas Internacionais de Contabilidade, têm vindo a ser alteradas o que irá, mais tarde ou mais cedo, acarretar repercussões no actual regime fiscal.

De facto, a Norma de Contabilidade n.º 22, que serviu de base ao regime da Directriz Contabilística n.º 1, foi substituída, em Março de 2004 pelo I.F.R.S. 3.

Esta norma, que teve em vista a convergência internacional no tratamento contabilístico das concentrações de empresas (aproximando-a da norma FAZ 141 aprovada em 2001 pelos E.U.A.), estabelece o princípio de que todas as concentrações de negócios devem ser contabilizados pelo «método de compra», ou seja, o adquirente reconhece os activos e passivos adquiridos, com base no justo valor (n.º 4), sendo o *goodwill* (pagamento antecipado de benefícios económicos futuros) registado como um activo, sujeito a revisões periódicas, em vez de ser amortizado (n.º 52 a 55).

Face aos princípios desta norma deixa de ser permitida a contabilização de concentração de negócios pelo método de «comunhão de interesses» e o *goodwil* passa a ser contabilizado como activo não amortizável.

O *negative goodwill* compreende a diferença entre o justo valor dos activos e passivos e o preço real da aquisição (n.º 56).[159]

---

[158] Neste diploma: art. 64.º, Transposição da Directiva N.º 19/CE/2005, do Conselho, de 17 de Fevereiro, que altera a <u>Directiva N.º 434/CE/1990</u> relativa ao regime fiscal comum aplicável às fusões, cisões, entradas de activos e permutas de acções entre sociedades de Estados membros diferentes; Artigo 65.º Transposição da <u>Directiva N.º 106/CE/2004</u>, do Conselho, de 16 de Novembro

[159] Para mais desenvolvimentos, veja-se CARLOS ROSA LOPES in *"Consolidação de Contas e Fusões e Aquisições (F & A)"* Rei dos Livros, pag. 49 e segs.

Estes princípios ainda não se encontram espelhados na nossa lei fiscal, que ainda permite a contabilização pelo método da «comunhão de interesses» (cf. alínea a) do n.º 3 do artigo 68.º CIRC).

Desconhece-se assim se vai ser efectuada alguma modificação no regime fiscal das fusões em consequência da eliminação do «método da comunhão de interesses» (activos, passivos, reservas e resultados pelas quantias escrituradas em cada uma das sociedades fundidas) das Normas Internacionais de Contabilidade (IFRS3).

ANEXO I

PROJECTO DE FUSÃO

Propósitos

A sociedade "**S**...." sociedade anónima, com sede em..., com o capital social integralmente realizado, no montante de €... (...), dividido e representando por .... (...) de acções, cada, com a valor nominal de €... (...), pessoa colectiva n.º..., matriculada na Conservatória do Registo Comercial de ... sob o n.º ..., adiante designada por **S**..., ou SOCIEDADE INCORPORANTE.

A "**S1**...." sociedade por quotas, com sede em..., com o capital social integralmente realizado, no montante de €... (...), dividido e representando por .... (...) quotas, uma com a valor nominal de €... (...), outra com o valor nominal de €... (...), uma com o valor nominal €... (...), pessoa colectiva n.º..., matriculada na Conservatória do Registo Comercial de ... sob o n.º ..., adiante designada por **S1**..., ou SOCIE-DADE INCORPORADA

Pretendem as sociedades, nos termos dos artigos 97.º e seguintes do Código das Sociedades Comerciais, doravante designado pelas siglas (C.S.C.), proceder à realização da operação de fusão por incorporação, consubstanciada em suma:

Na transferência global do património da SOCIEDADE INCORPO-RADA para a SOCIEDADE INCORPORANTE, pelos valores revelados nos respectivos Balanços, nos termos da alínea a) do n.º 4 do art. 97.º do C.S.C.

Nos termos do preconizado processo de fusão:

i. A SOCIEDADE INCORPORANTE ficará titular da globalidade do património da SOCIEDADEINCORPORADA;
ii. A SOCIEDADE INCORPORADA dissolve-se.

Para esse efeito, a Administração da SOCIEDADE INCORPO-RANTE e a Gerência da SOCIEDADE INCORPORADA, apresentam, para consulta, aos respectivos Senhores Accionistas e Sócios o projecto de fusão que a seguir se descreve, o qual foi aprovado por deliberações produzidas pelas administrações da **S**... e da **S1**..., respectivamente em...e em ...

A SOCIEDADE INCORPORANTE

A SOCIEDADE INCORPORADA

ÍNDICE

1 A Modalidade, os motivos, as condições e os objectivos da fusão .... pag 127

2 A Firma, a sede, o capital social e número e a data da matricula na Conservatória do Registo Comercial das sociedades intervenientes .... pag 128

3 A participação que alguma das sociedades tenha no capital da outra .... pag 128

4 Balanço de cada uma das sociedades intervenientes donde conste designadamente o valor dos elementos do activo e do passivo a transferir para a SOCIEDADE INCORPORANTE .... pag 129

5 Partes, acções ou quota se as houver, quantias em dinheiro que serão distribuídas aos sócios da SOCIE-DADE INCORPOADA e especificação da relação de troca das participações sociais e as bases desta relação, bem como os critérios de avaliação adoptados .... pag 129

6 0 projecto de alteração a introduzir no contrato da sociedade incorporante .... pag 129

7 As medidas de protecção dos direitos de terceiros não sócios a participar nos lucros das Sociedades Intervenientes .... pag 130

8 Modalidades de protecção de direitos dos credores .... pag 130

9 Data a partir da qual as operações da Sociedade Incorporada são consideradas, do ponto de vista contabilístico, como efectuadas por conta da Sociedade Incorporante .... pag 130

10 Direitos assegurados pela SOCIEDADE INCORPORANTE aos sócios da SOCIEDADE INCORPORADA . pag 130

11 Vantagens especiais atribuídas aos peritos que intervêm no processo e aos membros dos Órgãos de administração ou de fiscalização das sociedades participantes .... pag 131

126 *Fusão de Sociedades Comerciais*

12 Modalidade de entrega das acções da SOCIEDADE INCORPORANTE e data a partir da qual essas acções dão direito a lucros, bem como a modalidade desse direito .... pag 131

13 Credores obrigaconistas .... pag 131

14 Valores mobiliários .... pag 131

15 Disposições finais .... pag 131

    15.1 Fiscalização do projecto de fusão, mediante pedido de exame de projecto de fusão a ROC ou SROC'S independente.. pag 132

    15.2 Registo do Projecto e convocação da assembleia.... pag 132

    15.3 Reunião das Assembleias Gerais .... pag 133

    15.4 Deliberações das Assembleias .... pag 133

    15.5 Oposição de credores .... pag 134

    15.6 Efeitos da oposição de credores .... pag 134

16 Registo da Fusão .... pag 135

17 Dissolução – efeitos do registo .... pag 135

18 Anexos .... pag 137

PROJECTO DE FUSÃO POR INCORPORAÇÃO[160]

1. A Modalidade, os motivos, as condições e os objectivos da fusão.

A S... inicia o processo de FUSÃO POR INCORPORAÇÃO sendo a S... a SOCIEDADE INCORPORANTE e a S1... a SOCIEDADE INCORPORADA.

A preconizada operação de fusão por Incorporação realizar-se-á através de transferência global do património da SOCIEDADE INCORPORADA para a SOCIEDADE INCORPORANTE, pelos valores revelados nos respectivos Balanços (ANEXO I e ANEXO II).

Os motivos que subjazem à fusão são de natureza diversa, prevalecendo os de carácter económico, entre os quais se realçam o adequado dimensionamento, a maior competitividade e o incremento da produtividade, como forma de dar reposta às crescentes exigências do mercado.

Face ao exposto, salientam-se, como objectivos essenciais do processo de fusão, os seguintes:

A) No plano comercial:

....

....

....

B) No plano administrativo e financeiro:

....

Em conclusão:

....

---

[160] Sempre que à situação do caso concreto não se aplique a situação prevista em alguma das rubricas, bastará por baixo mencionar-se, explicando-se, se possível, ou se conveniente: *"não aplicável"*

Fusão de Sociedades Comerciais

2. A Firma, a sede, o capital social e número e data da matrícula na Conservatória do Registo Comercial das sociedades intervenientes.

SOCIEDADE INCORPORANTE

Denominação: ....
Sede: ....
Capital Social: ....
Repartição do Capital Social: ....
Valor Nominal das Participações Sociais: ....
Matrícula: ...(número)... ...(data).
Identificação Fiscal: ....

SOCIEDADE INCORPORADA

Denominação: ....
Sede: ....
Capital Social: ....
Repartição do Capital Social: ....
Valor Nominal das Participações Sociais: ....
Matrícula: ...(número)... ...(data).
Identificação Fiscal: ....

3. A participação que algumas das sociedades tenha no capital da outra[161].

....
....

---

[161] Se essa participação ocorrer, deverá mencionar-se qual o valor da participação no capital da outra sociedade, a percentagem que representa neste e como é que é representado.

Se não existir deve mencionar-se: *"Não aplicável"*

4. Balanços[162] de cada uma das sociedades intervenientes, donde conste designadamente o valor dos elementos do activo e do passivo a transferir para a sociedade incorporante

O balanço da SOCIEDADE INCORPORANTE, elaborado nos termos e para os efeitos da alínea d) do n.º 1 e em cumprimento do disposto no n.º 2, ambos do artigo 98.º do C.S.C. reportado a ... de ...de ..., consta do **Anexo I** ao presente projecto;

O balanço da da SOCIEDADE INCORPORADA, elaborado nos termos e para os efeitos da alínea d) do n.º 1 e em cumprimento do disposto no n.º 2, ambos do art. 98.º do C.S.C. reportado a ... de ...de ..., consta do **Anexo II** ao presente projecto;

5. Partes, acções ou quotas, e se as houver, quantias em dinheiro que serão atribuídas aos sócios da SOCIEDADE INCORPORADA e especificação da relação de troca das participações sociais e das bases dessa relação, bem como os critérios de avaliação adoptados.

....

....

6. O projecto de alteração a introduzir no contrato da sociedade incorporante

O projecto do contrato social da sociedade incorporante consta do **Anexo III** ao presente.

Em resultado da fusão o capital social da sociedade incorporante (não[163]) sofreu alteração.

Considerando o montante do capital social das sociedades a fundir, o capital social da SOCIEDADE INCORPORANTE será (manter-se-á) assim no montante de ....., dividido e representado por...., com o valor nominal[164], cada..., de....

---

[162] Nos termos do n.º 2 do artigo 98.º do CSC, os Balanços devem ser:
- Do último exercício, desde que tenha sido encerrado nos 6 meses anteriores à data do Projecto de Fusão, ou,
- Reportado à data que não anteceda o 3.º mês anterior à data do Projecto de Fusão.

[163] Consoante a situação de ter ou não sido alterado.

[164] Colocar o valor nominal das quotas ou das acções, consoante a sociedade incorporante for uma sociedade por quotas, ou anónima.

130 *Fusão de Sociedades Comerciais*

7. As medidas de protecção dos direitos de terceiros não sócios a participar nos lucros das sociedades intervenientes

....

....

8. Modalidades de protecção dos direitos dos credores

Não serão adoptadas quaisquer medidas especiais de protecção dos direitos dos credores, para além daquelas que lhes são legal e/ou regulamentarmente asseguradas.

9. Data a partir da qual as operações das sociedades participantes são consideradas, do ponto de vista contabilístico, como efectuadas por conta da Sociedade incorporante

Do ponto de vista contabilístico, as operações[165] da Sociedade Incorporada serão considerada como efectuadas por conta da Sociedade Incorporante a partir do dia ...de ... de ....

10. Direitos[166] assegurados pela SOCIEDADE INCORPORANTE aos sócios da SOCIEDADE INCORPORADA que possuam direitos especiais.

Não existem Direitos Especiais dos sócios da SOCIEDADE INCORPORANTE[167]

---

[165] Esta é a data a partir da qual os "resultados" dos movimentos contabilísticos efectuados ainda na sociedade incorporada, serão transferidos em bloco para a sociedade incorporante, por ter sido convencionado que a partir dela, foram efectuados já por conta desta sociedade.

[166] Tratam-se apenas de "direitos especiais" – individuais, quer por categoria de acções – que têm que estar consagrados nos contratos sociais (art. 24.º do CSC).

[167] Se existirem, ou são assegurados no novo contrato social da sociedade incorporante, ou são dispensados pela forma prescrita nos n.ᵒˢ 5 e 6 do artigo 24.º do CSC.

11. Vantagens especiais atribuídas aos peritos que intervieram no processo e aos membros dos Órgãos de Administração ou de Fiscalização das sociedades participantes na fusão

Não existem quaisquer vantagens especiais atribuídas aos peritos que intervieram na FUSAO e aos MEMBROS DOS ORGÃOS DE ADMINISTRAÇÃO e FISCALIZAÇÃO das sociedades participantes na FUSÃO, nos termos e para os efeitos do disposto na alínea j) e I) do n.º 1 do art. 98.º do C.S.C.

12. Modalidade de entrega das acções[168] da SOCIEDADE INCORPORANTE e data a partir da qual essas acções dão direito a lucros, bem como a modalidade desse direito.

Os títulos representativos das novas acções serão entregues entre o dia... e o dia ... do mês de...do ano de ...

A data a partir da qual[169] essas novas acções conferirão direito a lucros será a data da produção dos efeitos da fusão, ou seja, a data do registo da fusão.

13. Credores obrigacionistas

Não existem credores obrigacionistas de qualquer uma das sociedades Intervenientes.

14. Valores mobiliários

Não existem quaisquer valores mobiliários que confiram ao respectivo titular o direito de subscrever ou receber, a qualquer título acções representativas do capital social daquela sociedade.

15. Disposições finais

Com referência ao presente projecto de fusão e às sociedades nele participantes, destaca-se ainda que:

---

[168] Só aplicável para os casos em que a sociedade incorporante seja uma sociedade anónima e que a fusão acarrete aumento de capital social.

[169] Poderá fixar-se outra data.

15.1 Fiscalização do projecto de fusão, mediante pedido de exame de projecto de fusão a ROC ou SROC.S independente.

Nota: (indicam-se várias opções de redacção, consoante a situação do caso concreto)

(I.) Considerando que a SOCIEDADE INCORPORANTE detém a totalidade das quotas representativas do Capital Social e direitos de voto da SOCIEDADE INCORPORADA, os Órgãos da administração das sociedade participantes na fusão vão promover o exame do projecto de fusão por um revisor oficial de contas ou por uma sociedade de revisores oficiais de contas de todas as sociedades Intervenientes.

(II.) Se todas ou algumas das sociedades participantes na fusão assim o desejarem, os exames referidos anteriormente poderão ser feitos, quanto às que nisso tiverem acordado, pelo mesmo ROC ou SROC's sendo que, em obediência ao n.º 3 do artigo 99.º do CSC, neste caso o ROC ou SROC's deve ser designado a solicitação conjunta das sociedades interessadas, pela Câmara dos Revisores Oficiais de Contas.

(III.) Se todos os sócios de cada uma das sociedades participantes assim o deliberarem, o exame do projecto feito pelo ROC ou SROC's pode ser dispensado, ao abrigo do disposto no n.º 6 do artigo 99.º do CSC.

15.2 Registo do Projecto e Deliberações dos sócios/accionistas

O projecto de fusão será registado e oficiosamente publicado.

O projecto de fusão deve ser submetido a deliberação dos accionistas *I* sócios das sociedades participantes, por quaisquer das formas permitidas pelo número 5 do artigo 100.º do CSC, ou seja, por deliberação produzida em assembleia universal, ou em assembleia regularmente convocada, ou qualquer outra forma de deliberação legalmente permitida para a sociedade interveniente.

Será publicado Anúncio aos credores, sempre que a deliberação não seja precedida de convocatória para assembleia geral.

As deliberações nunca poderão ser produzidas antes que decorra um mês da data da Convocatória ou do Aviso aos credores e sócios, se aquela não tiver lugar.

Anexos 133

A Convocatória e o Anúncio devem mencionar que o projecto de fusão e a documentação anexa podem ser consultados na sede de cada sociedade, pelos respectivos sócios/accionistas e credores sociais e quais as datas designadas para as Assembleias Gerais e que as credores podem opor-se à fusão nos termos do art. L01-A do CSC.

A partir da data das publicações supra referidas os sócios e os credores das sociedades participantes na fusão têm o direito de consultar, na sede social de cada uma das sociedades, e obter, sem encargos, cópia integral do projecto de fusão, relatório e pareceres elaborados por órgãos da sociedade e por peritos, contas, relatórios dos membros das administrações/gerência, relatórios e pareceres dos órgãos de fiscalização e deliberações dos sócios /accionistas sobre essas contas, relativamente aos três últimos exercícios, nos termos da alínea c) do artigo 101 do CSC.

15.3 Reunião das Assembleias Gerais

Reunidas as Assembleias, a Administração e a Gerência respectivas começarão por declarar expressamente se desde a elaboração do projecto de fusão houve mudança relevante nos elementos de facto em que ele se baseou e, no caso afirmativo, quais as modificações do projecto que se tornam necessárias (n.º 1 do art. 102.º do C.S.C.).

Tendo havido mudança relevante, nos termos do n.º anterior, as Assembleias deliberarão se o projecto de fusão deve ser renovado ou se prosseguem na apreciação da proposta. (n.º 2 do art. 102.º do CSC).

A proposta apresentada às Assembleias deve ser rigorosamente idêntica; qualquer modificação introduzida pelas Assembleias considerar--se-á rejeição da proposta, sem prejuízo da renovação desta. (n.º 3 do art. 102.º do C.S.C.).

Qualquer accionista ou sócio pode, na respectiva Assembleia, exigir as Informações sobre as sociedades participantes que forem indispensáveis para se esclarecer acerca da proposta de fusão (n.º 4 do art. 102.º do C.S.C.).

15.4 Deliberações das Assembleias

As deliberações são tomadas, na falta de disposição especial, nos termos prescritos para as alterações do contrato de sociedade (n.º 1 do art. 103.º)[170].

---

[170] O *quórum* deliberativo para as sociedades por quotas é de ¾ dos votos correspondentes ao capital social *(n.º 1 do art.º 265.º)* e para as sociedades anónimas (em

As deliberações só podem ser executadas depois de obtido o consentimento dos Accionistas ou sócios prejudicados quando (alíneas a), b) e c) do n.º 2, do art. 103.º do CSC):

I. Aumentar as obrigações de todos ou alguns dos accionistas ou sócios;

II. Afectar direitos especiais de que sejam titulares alguns accionistas ou sócios;

III. Alterar a proporção das suas participações sociais em face dos restantes accionistas ou sócios da mesma sociedade, salvo na medida em que tal alteração resulte de pagamentos que lhes sejam exigidos para respeitar disposições legais que Imponham valor mínimo ou certo de cada unidade de participação.

15.5 Oposição de credores

No prazo de um mês das publicações supra referidas, os credores das sociedades participantes cujos créditos sejam anteriores a essa publicação podem deduzir oposição judicial à fusão com fundamento no prejuízo que dela derive para a realização dos seus créditos desde que tenham solicitado à sociedade a satisfação do seu crédito ou a prestação de garantia adequada, nos 15 dias anteriores, sem que o seu pedido tenha sido atendido nos termos do art. 101.º do CSC.

15.6 Efeitos da oposição de credores.

A oposição Judicial deduzida por qualquer credor impede a inscrição definitiva da fusão no registo comercial até que se tenha verificado algum dos seguintes factos:

> **i.** Haver sido julgado improcedente, par decisão com transito em Julgado, ou, no caso de absolvição da instância não ter o oponente Intentado nova acção no prazo de 30 dias;

---

que é obrigatória, em 1.ª convocatória a presença de accionistas que detenham acções representativas de, pelo menos, 1/3 do capital social – *n.º 2 do art. 383.º)* é de **2/3** dos votos emitidos *(n.º 3 do art.º 386.º)*, ou, em 2.ª convocatória, a **simples maioria**, caso estejam presentes accionistas detentores de acções que, pelo menos, representem metade do capital social *(n.º 4 do art.º 386.º)*.

ii. Ter havido desistência do oponente;

iii. Ter a sociedade satisfeito o oponente ou prestado a caução fixada por acordo ou por decisão judicial;

iv. Haver o oponente consentido na inscrição;

v. Ter sido consignada em depósito a importância devida ao oponente.

16. Registo da Fusão

Deliberada a fusão pelas sociedades participantes sem que tenha sido deduzida oposição no prazo previsto no art. 101.º-A do C.S.C., ou tendo esta sido deduzida se tenha verificado algum dos factos referidos no n.º 1 do art. 101.º-B do C.S.C., deve, por força do artigo 111.º do CSC, ser requerida a inscrição da fusão no registo comercial por qualquer dos administradores/gerentes das sociedades participantes na fusão.

17. Dissolução – Efeitos do registo

Com o registo da fusão no registo comercial, extingue-se a SOCIEDADE INCORPORADA, transmitindo-se, nos termos referidos, a globalidade do respectivo património (incluindo direitos e obrigações) para a SOCIEDADE INCORPORANTE.

S......

S1.....

ANEXO II

AVISO AOS CREDORES

SOCIEDADE ..., Sede: ..., freguesia de ..., Concelho de ..., Capital social: € ...

Matrícula n.º ..., Conservatória do Registo Comercial de..., Número de identificação de pessoa colectiva: ...

Nos termos e para os efeitos do n.º 5 do artigo 100° do Código das Sociedades Comerciais, avisam-se os credores da sociedade F... do seguinte:

1. Que foi efectuado e registado um projecto conjunto de fusão entre esta sociedade e a sociedade F... (denominação, sede, capital social, pessoa colectiva, matrícula), pela forma de ... (<u>constituição</u> ou <u>incorporação</u>)[171]

2. Que sobre o Projecto de fusão e os seus anexos está previsto vir a ser proferida em[172]...na sociedade F... e em...na sociedade F..., deliberações não produzidas em assembleias convocadas regularmente, como faculta o n.º 5 do artigo 100.º do Código das Sociedades Comerciais.[173]

3. Que, a partir da data da publicação deste aviso, têm o direito, na sede de cada uma das sociedades, a:

---

[171] Conforme der origem, ou a uma sociedade nova (com a extinção das fundidas), ou à incorporação duma pela outra.

[172] Após ter decorrido, pelo menos, um mês da data da publicação deste.

[173] Caso a fusão dispense a deliberação dos sócios das sociedades intervenientes (por ser realizada ao abrigo do art. 116.º do CSC), a minuta do "Aviso" encontra-se no Anexo VI.

> Consultar:
> a. O "Projecto de fusão" e todos os anexos e documentos inerentes;
> b. As contas e seus anexos dos três últimos exercícios.
> Obter a expensas da sociedade cópia de todos estes documentos

4. Que, no prazo de um mês contado desta publicação, os credores podem deduzir oposição judicial à fusão, desde que:

> Os seus créditos sejam anteriores à data da publicação;
> Tenham prejuízos com a fusão (nomeadamente que a sociedade *resultante* fornece menos garantias patrimoniais ao seu crédito, do que fornecia a sociedade fundida);
> O seu crédito não tenha sido pago nos 15 dias posteriores ao ter sido solicitado.

A GERÊNCIA/ADMINISTRAÇÃO

ANEXO III

CONVOCATÓRIA DE ASSEMBLEIA GERAL
PARA FUSÃO DE SOCIEDADES
(Fusão por incorporação)

Nos termos do n.º 2 do artigo 100.º do Código das Sociedades Comercias, convocam-se os senhores accionistas[174] da sociedade F.... (denominação, sede, capital social, pessoa colectiva, matrícula) para a Assembleia Geral extraordinária, a realizar na sua sede social sita em...., no próximo dia...., pelas...horas, com a seguinte ordem de trabalhos:

Ponto único. Deliberar sobre projecto de fusão e dos seus anexos, respeitante à fusão da sociedade F... (denominação, sede, capital social, pessoa colectiva, matrícula) como sociedade incorporante com a F... (denominação, sede, capital social, pessoa colectiva, matrícula), como sociedade incorporada, na modalidade de fusão por incorporação, com a transferência global do património da F...(denominação, sede, capital social, pessoa colectiva, matrícula) para a F...(denominação, sede, capital social, pessoa colectiva, matrícula)

Em cumprimento do n.º 3 do artigo 100.º e do artigo 101.º do Código das Sociedades Comerciais, dá-se ainda notícia do seguinte:

1. Que, para os efeitos previstos no artigo 100.º n.º 3 e no artigo 102.º, ambos do Código das Sociedades Comerciais, ou seja, para a deliberação sobre o projecto de fusão, foi designada a data de ...de ... 2007, pelas ... horas para a realização da Assembleia Geral da sociedade F... e a data de ...de ... 2007, pelas ... horas para a realização da Assembleia Geral da sociedade F....

2. Que, a presente convocatória, nos termos do n.º 4 do artigo 100.º do Código das Sociedades Comerciais, constitui um aviso aos credores da

---

[174] Ou sócios, se a convocatória for de uma sociedade por quotas

140   *Fusão de Sociedades Comerciais*

sociedade, para estes poderem exercer os direitos consagrados nos artigos 101.º e 101.º-A do Código das Sociedades Comerciais.

3. Que podem ser consultados na sede de cada uma das sociedades, pelos respectivos sócios e credores o projecto de fusão, a documentação anexa, o Relatório e Pareceres dos Órgãos de fiscalização e peritos e ainda as Contas e respectivos anexos dos três últimos exercícios, podendo obter, se o pretenderem, sem encargos, cópia integral desta documentação.
... (sitio)...(dia),...(mês),...(ano)

O PRESIDENTE DA MESA

ANEXO IV

ACTA DA ASSEMBLEIA

(Para Fusão de Sociedade anónima, por Incorporação)

Acta n.º ...

Aos ... dias do mês de ... de 2007, pelas ... horas, reuniu a assembleia geral extraordinária da sociedade comercial ... por ...[175] (denominação, sede, capital social, pessoa colectiva, matrícula) estando presentes[176] o Sr. ... titular de uma quota do valor nominal de € ..., e do sócio... Sr. ... titular de uma quota do valor nominal de € ..., e do sócio... Sr. ... titular de uma quota do valor nominal de € ..., e do sócio...e do Sr...na qualidade de legal representante da sócia F..., conforme poderes que foram conferidos pelo Presidente da Mesa.

Encontrava-se, pois, devidamente representada a ...(totalidade/percentagem) do capital social no valor de € ....

Esta assembleia geral extraordinária foi validamente convocada através da publicação no sítio da Internet no dia... de... de..., com a identificação...[177], para deliberar sobre o ponto único da ordem de trabalhos:

---

[175] Quotas/Anónima.

[176] Se a sociedade for anónima faz-se a referência à lista de presenças que ficará anexa à acta.

[177] Caso a assembleia não tenha sido regularmente convocada, mas constitua uma assembleia universal, substituir-se-á este parágrafo, pela seguinte expressão:

Todos os sócios, manifestaram expressamente a vontade que a Assembleia se constituísse e deliberasse nos termos do artigo cinquenta e quatro do Código das Sociedades Comerciais, sobre o ponto único da ordem de trabalhos, abaixo descrito, não obstante não ter sido convocada com a observância das formalidades legais prévias exigidas por Lei, pelo que, o Presidente da Mesa, Senhor........, eleito para esta Assembleia, declarou a Assembleia validamente constituída e em condições de funcionar e de deliberar.

O Presidente da Mesa, Sr...., começou por ler o ponto da Ordem de Trabalhos, a saber:

Ponto único – Análise e discussão do projecto de fusão, por incorporação desta sociedade na sociedade... (denominação, sede, capital social, pessoa colectiva, matrícula), esta, na qualidade de sociedade incorporante[178].

Iniciados os trabalhos, o Sr. ...., na sua qualidade de ... da sociedade, explicou detalhadamente aos presentes o interesse e a conveniência comercial e financeira da aprovação do projecto de fusão entre as sociedades envolvidas, tendo nomeadamente declarado:

a) No âmbito do ponto único da ordem de trabalhos, que, desde a elaboração do projecto de fusão até à presente data, não houve qualquer mudança relevante nos elementos de facto em que esse projecto se baseia, pelo que não foram introduzidas quaisquer modificações no projecto.[179]

b) Que o projecto de fusão em análise nesta assembleia é rigorosamente idêntico ao que está a ser analisado na sociedade ... (incorporante/incorporada), a já referida sociedade F...;

c) Que os órgãos de fiscalização previstos na lei deram pareceres e elaboraram relatórios favoráveis ao projecto elaborado;

d) Que o projecto de fusão foi registado em.. e publicado e...;

e) Que o projecto de fusão e os seus anexos estiveram na sede de cada uma das sociedades envolvidas, à disposição para consulta dos sócios e dos credores.

f) Que, para efeitos contabilísticos, é considerado o dia..., como a data a partir da qual se consideram efectuadas as operações por conta da sociedade incorporante.

---

[178] Na assembleia da sociedade incorporada, o ponto será o seguinte:
Análise e discussão do projecto de fusão, por incorporação nesta sociedade da sociedade... (denominação, sede, capital social, pessoa colectiva, matrícula), esta, na qualidade de sociedade incorporada.

[179] Na inversa deverá referir-se terem ocorrido alterações, especificando a natureza destas e pondo á votação se o Projecto deverá, mesmo com essas alterações supervenientes, ser aprovado, ou substituído por outro.

Em face do exposto, e depois dos sócios estarem suficientemente esclarecidos sobre o teor do projecto, dos seus anexos, do projecto do novo contrato social e dos pareceres e relatórios da fiscalização, foi o projecto de fusão com os seus anexos aprovado por .... votos correspondentes a ....do capital social da sociedade.

Nada mais havendo a tratar, foi encerrada a sessão, dela se lavrando a presente acta, que, depois de lida e aprovada, vai ser assinada pelos presentes[180].

---

[180] Ou pelo Presidente da Mesa e pelo secretário, no caso de sociedade anónima.

ANEXO V

DELIBERAÇÃO UNÂNIME

SOBRE A DISPENSA DO EXAME E RELATÓRIO DE ROC DO PROJECTO DE FUSÃO DAS SOCIEDADES

.... •

E

....

Os abaixo assinados, na qualidade de únicos sócios que representam a totalidade do capital social da sociedade ...., como sociedade ....[181], deliberam unanimemente e por este meio, nos termos e ao abrigo do disposto no n.º 1 do artigo 54.º do Código das Sociedades Comerciais, com a faculdade que lhes é conferida pelo n.º 6 do artigo 99.º do mesmo diploma legal, dispensar o exame dos projectos de fusão da referida sociedade, que poderia ser levado a cabo por um Revisor Oficial de Contas, de acordo com o previsto no n.º 2 do mesmo preceito legal.

Lisboa, ...,...,...

[Seguem-se as assinaturas de todos os sócios devidamente reconhecidas e na qualidade de que correspondem às assinaturas de todos os sócios da sociedade[182]]

Pela sociedade incorporante ....:

.... •

.... •

.... •

Pela sociedade incorporada.................:

---

[181] Incorporante, ou incorporada, consoante for o caso.

[182] Este reconhecimento não se tornará necessário, nos casos em que a fiscalização é dispensada por lei (n.º 2 do art. 116.º – sociedade incorporante detentora da totalidade das participações da sociedade incorporada) e mesmo assim optou-se por se produzir uma declaração escrita a dispensar a fiscalização.

ANEXO VI

AVISO AOS SÓCIOS E AOS CREDORES SOCIAIS

SOCIEDADE ..., Sede: ..., freguesia de ..., Concelho de ..., Capital social: € ...

Matrícula n.º ..., Conservatória do Registo Comercial de..., Número de identificação de pessoa colectiva: ...

Nos termos e para os efeitos da alínea b) do n.º 3 do artigo 116.º do Código das Sociedades Comerciais, avisam-se os credores da sociedade F... do seguinte:

1. Que foi efectuado e registado um projecto conjunto de fusão entre esta sociedade e a sociedade F... (denominação, sede, capital social, pessoa colectiva, matrícula), pela forma de ... (<u>constituição</u> ou <u>incorporação</u>)[183]

2. Que, se no prazo de 15 dias contado da data daquele registo, sócios detentores de, pelo menos, 5% do capital social não requererem a convocação duma assembleia para deliberar sobre o projecto de fusão e os seus anexos, essa deliberação, será dispensada, ao abrigo do n.º 3 do artigo 116.º do Código das Sociedades Comerciais, pelo que, pelo presente dá-se notícia aos sócios e aos credores sociais do que a seguir se indica.

3. Que, a partir da data da publicação deste aviso, têm o direito, na sede de cada uma das sociedades, a:

➢ <u>Consultar</u>:
    a. O "Projecto de fusão" e todos os anexos e documentos inerentes;

---

[183] Conforme der origem, ou a uma sociedade nova (com a extinção das fundidas), ou à incorporação duma pela outra.

b. As contas e seus anexos dos três últimos exercícios.

➢ Obter a expensas da sociedade cópia de todos estes documentos.

4. Que, no prazo de um mês contado desta publicação, os credores podem deduzir oposição judicial à fusão, desde que:

➢ Os seus créditos sejam anteriores à data da publicação;
➢ Tenham prejuízos com a fusão (nomeadamente que a sociedade *resultante* fornece menos garantias patrimoniais ao seu crédito, do que fornecia a sociedade fundida);
➢ O seu crédito não tenha sido pago nos 15 dias posteriores ao ter sido solicitado.

A GERÊNCIA/ADMINISTRAÇÃO

ANEXO VII

CONTRATO DE FUSÃO DE SOCIEDADES POR QUOTAS

(POR INCORPORAÇÃO – ART. 116.º DO CSC)

[Documento Particular]

A – CONTRANTES

PRIMEIROS: _____

a) F..., natural da freguesia de ..., titular do B.l. n.º ... emitido pelo SIC em .... contribuinte fiscal n.º ..., residente em.... _____

b) F..., natural da freguesia de ..., titular do B.l. n.º ... emitido pelo SIC em .... contribuinte fiscal n.º ..., residente em.... _____

Que intervêm na qualidade de gerentes, em nome em representação da sociedade comercial (A) ..., doravante designada *Sociedade Incorporante* com a firma ..., com sede na ..., freguesia de ..., concelho de..., matriculada na Conservatória do Registo Comercial de..., sob o número único de matrícula e identificação fiscal..., com o capital social de ..., qualidade e poderes para o acto que resultam da certidão permanente, documento que se junta ao presente, dele passando a fazer parte como *Anexo 1,*

SEGUNDOS: _____

a) F..., natural da freguesia de ..., titular do B.l. n.º ... emitido pelo SIC em ..., contribuinte fiscal n.º ..., residente em...., _____

b) F..., natural da freguesia de ..., titular do B.l. n.º ... emitido pelo SIC em ..., contribuinte fiscal n.º ..., residente em..., _____

Que intervêm na qualidade de gerentes, em nome em representação da sociedade comercial (A) ..., doravante designada *Sociedade Incorporada* com a firma ..., com sede na ... freguesia de ..., concelho de ..., matriculada na Conservatória do Registo Comercial de ..., sob o número

150 *Fusão de Sociedades Comerciais*

único de matrícula e identificação fiscal ..., com o capital social de ..., qualidade e poderes para o acto que resultam da certidão permanente, documento que se junta ao presente, dele passando a fazer parte como anexo II, —————————————————

B – CONSIDERANDO: —————————————————

1.º Que as administrações da **Sociedade Incorporante** e da **Sociedade Incorporada** elaboraram e subscreveram em conjunto um Projecto de Fusão, que se junta como **Anexo III**, donde constam todos os elementos legalmente exigidos pelo artigo noventa e oito do Código das Sociedades Comerciais, acompanhado designadamente dos balanços aprovados, do último exercício das sociedades e do contrato de sociedade da **Sociedade Incorporante**; —————————————————

2.º Que esse Projecto de Fusão foi sujeito à fiscalização imposta por lei, tendo sido elaborados pelas entidades para o efeito competentes, os competentes Relatórios e Exames[184]. —————————————————

3.º Que foi feita a inscrição no Registo Comercial do Projecto de Fusão pelos depósitos ...de ...de ...de dois mil e ... —————————————————

4.º Que foram feitas as publicações legalmente exigidas do Projecto de Fusão; —————————————————

5.º Que foi efectuada a publicação de avisos aos sócios e aos credores sociais, informando-os: —————————————————

❖ que as sociedades disponibilizaram dentro do prazo legal, toda a documentação referida no artigo 101.º do código das Sociedades Comerciais, para consulta dos sócios e dos credores sociais; —

❖ que se os sócios não requeressem a convocação da Assembleia Geral para aprovar a fusão no prazo de quinze dias contados da data da publicação do aviso, essa assembleia seria dispensada nos termos do n.º 3 do art.º 116.º do Código das Sociedades Comerciais, o que veio a verificarse, dispensando-se assim, as deliberações; ———

---

[184] Caso, ao abrigo da lei, a fiscalização tenha sido dispensada, dir-se-á:
"2.º Que, nos termos e ao abrigo das disposições legais em vigor, foi dispensada a fiscalização sobre o referido Projecto de Fusão"

❖ que os credores sociais dispunham do prazo de um mês para deduzirem oposição judicial nos termos e com pressupostos previstos na lei. _____

6.º Que o Projecto de Fusão se encontra aprovado. _____
é celebrado o presente contrato de fusão por incorporação, que se regerá pelas _____

C – CLÁUSULAS

Cláusula Primeira

(*Objecto*)

Pelo presente, os contraentes, na qualidade em que intervêm procedem à fusão das sociedades que representam nos termos do projecto de fusão, transferindo globalmente para a Sociedade Incorporante o património da Sociedade Incorporada com os elementos activos e passivos, direitos e obrigações, que a fusão por incorporação acarreta.

Cláusula Segunda

(*Declarações*)

Os contraentes declaram: _____
❖ Que decorrido um mês, após a publicação do aviso dos sócios e credores sociais, não têm conhecimento de qualquer oposição judicial à fusão, por parte dos credores de todas as sociedades envolvidas. _____
❖ Que desde a elaboração do projecto de fusão até esta data, não houve mudança relevante nos elementos de facto em que se baseou este Projecto de Fusão, nem houve alteração ao contrato social da sociedade incorporante e que desde a data a que se reportam os balanços até hoje, não ocorreram diminuições patrimoniais que obstem à presente fusão. _____

Cláusula Terceira

(*Participações Sociais*)

Nos termos constantes do Projecto de Fusão, atento o critério de avaliação das empresas pelo valor nominal do capital e o critério da relação de troca consistente na atribuição a cada sócio de uma quota de valor relativo igual ao das quotas que até agora possuíam nas sociedades, o capital social é de ..., dividido em ...: quotas, a saber:

– uma do valor nominal de ...., pertencente a...
– uma do valor nominal de ...., pertencente a...
– uma do valor nominal de ...., pertencente a...
– uma do valor nominal de ...., pertencente a...

Cláusula Quarta

(Despesas)

As despesas inerentes ao presente contrato, nomeadamente imposto de selo, registos e publicações, correrão por conta da **Sociedade Incorporante.** _____

Cláusula Quinta

(Redução Legal)

Se qualquer termo ou disposição do presente Contrato for considerado ilegal ou inexequível, no todo ou em parte, por força de qualquer disposição legal, tal termo ou condição considera-se como não constituindo parte do presente contrato, mas a validade e aplicação da restante parte do mesmo não fica afectada, excepto se as partes não o tivessem celebrado no caso de conhecerem a referida ilegalidade ou inexequibilidade. _____

Cláusula Sexta

(Foro)

Para resolução de quaisquer litígios emergentes da interpretação aplicação ou execução do presente contrato, as partes escolhem o Tribunal da Comarca de Lisboa, com expressa renúncia a qualquer outro. _____

Cláusula Sétima

(Notificações)

1. Todas as notificações que na vigência do presente contrato venha a ser necessário efectuar-se, deverão ser feitas para os seguintes endereços e números:

Para a **Sociedade Incorporante**

....

Fax: ....

E-mail: ....

Para a **Sociedade Incorporada**

....

Fax: ....

E-mail: ....

2. A comunicação de novos locais ou entidades, para onde deverão ser efectuadas as notificações, deverá ser feita por carta registada com aviso de recepção, telecópia ou correio electrónico dirigido à outra parte.

3. O envio de carta registada com aviso de recepção para o indicado local do contraente, será prova bastante para a demonstração de notificação a este. _____

_____

O presente contrato é feito em duplicado, tem três Anexos e vai rubricado em todas as folhas e assinado a final.

..., ... de ... de ....

OS PRIMEIROS CONTRAENTES

OS SEGUNDOS CONTRAENTES

ANEXO VIII

FUSÃO DE SOCIEDADES POR QUOTAS

(POR incorporação – ART. 116.º DO CSC)

[Escritura Pública]

No dia ... de ... de..., perante mim, ..., notário com Cartório, na... em ..., compareceram como outorgantes: —————————————

PRIMEIROS: —————————————————————

a) F.... (estado) natural da freguesia de ..., concelho de ...;
b) F.... (estado) natural da freguesia de ..., concelho de ...;

SEGUNDOS: —————————————————————

a) F.... (estado) natural da freguesia de ..., concelho de ...;
b) F.... (estado) natural da freguesia de ..., concelho de ...;

Que outorgam: —————————————————————
Os primeiros outorgantes das alíneas a) e b), na qualidade de gerentes, em nome em representação da sociedade comercial (A) ..., com a firma ..., com sede na..., freguesia de ..., concelho de ..., matriculada na Conservatória do Registo Comercial de ..., sob o número único de matrícula e identificacão fiscal ..., com o capital social de ..., qualidade e poderes para o acto que verifiquei por certidão permanente, documento que arquivo. —————————————————————
Os segundos outorgantes identificados nas alíneas a) e b), na qualidade de gerentes e em representação da sociedade comercial (B)..., com a firma ...., com sede na ...., freguesia de ...., concelho de ..., matriculada na Conservatória do Registo Comercial de Lisboa, sob o número único de matrícula e identificacão fiscal, ..., com o capital social de ..., qualidade

156   *Fusão de Sociedades Comerciais*

e poderes para o acto que verifiquei por certidão permanente, documento que arquivo.

Verifiquei a identidade dos outorgantes, pela exibição dos seus Bilhetes de Identidade números .... de ...de ..., ... de ...de ...., ... de ...de..., emitidos pelos SIC em ... ―――――――――――

– PELOS OUTORGANTES FOI DITO: ―――――――――

– Que o capital da sociedade (A)..., integralmente realizado no indicado valor de ..., é dividido em ... quotas, uma do valor nominal de ..., pertencente ao sócio..., uma do valor nominal de ...., pertencente à ... e uma do valor nominal de .... pertencente ao sócio ... ―――――

– Que o capital da sociedade (B)..., integralmente realizado é de ... dividido em ... quotas iguais do valor nominal de .... ―――――――

– Que, as sociedade por eles representadas levam a efeito a sua fusão mediante a transferência global do património da sociedade (B)... (sociedade incorporada) para a sociedade (A) ..., (sociedade incorporante), com todos os seus direitos e obrigações. ――――――――――――

– Que com essa finalidade, as administrações das sociedades procederam previamente: ―――――――――――――――――――

a) À elaboração conjunta do projecto de fusão, donde constam todos os elementos legalmente exigidos pelo artigo noventa e oito do Código das Sociedades Comerciais, acompanhado designadamente dos balanços aprovados, do último exercício das sociedades e do contrato de sociedade da sociedade incorporante; ―――――

b) Ao registo do projecto de fusão na Conservatória do Registo Comercial de ... pelos depósitos ...de ...de ...de dois mil e ...

c) Foram feitas as publicações legalmente exigidas do projecto de fusão; ―――――――――――――――――――――――――

d) Procederam à publicação de avisos aos sócios e aos credores sociais, informando-os: ―――――――――――――――――――

    ○   que as sociedades disponibilizaram dentro do prazo legal, toda a documentação referida no artigo 101.º do código das Sociedades Comerciais, para consulta dos sócios e dos credores sociais; ―――――――――――――――――――――――

    ○   que se os sócios não requeressem a convocação da Assembleia Geral para aprovar a fusão no prazo de quinze dias contados da data da publicação do aviso, essa assembleia seria dispensada

Anexos 157

nos termos do n.º 3 do art.º 116.º do Código das Sociedades Comerciais, o que veio a verificar-se, dispensando-se assim, as deliberações; _____

o que os credores sociais dispunham do prazo de um mês para deduzirem oposição judicial nos termos e com pressupostos previstos na lei. _____

Pela presente escritura, e na qualidade em que outorgam, procedem à fusão das sociedades que representam nos termos do projecto de fusão, transferindo globalmente para a sociedade comercial por quotas (A)... o património da sociedade (B)..., com os elementos activos e passivos, direitos e obrigações, que a fusão por incorporação acarreta, bem como, a transmissão do imóvel:

– Fracção autónoma designada pela letra "...", correspondente a ..., com entrada pelo n.º...da ...., em..., destinada a comércio e indústria, pertencente ao prédio urbano em regime de propriedade horizontal, sito na ...., freguesia de ..., concelho de ... descrito na ... Conservatória do Registo Predial de ... sob o número (ficha) ... da freguesia de ..., afecto ao regime de propriedade horizontal pela inscrição ..., apresentação ..., de ...de ...de ....; com a aquisição registada a favor da sociedade (B) incorporada..., pela inscrição G, apresentação ....de ... de ... de ... e ...; inscrito na matriz sob o artigo ...., da freguesia de ..., com o valor patrimonial correspondente de ..., a que atribuem o valor de ...

– Que nos termos constantes do projecto de fusão, atento o critério de avaliação das empresas pelo valor nominal do capital e o critério da relação de troca consistente na atribuição a cada sócio de uma quota de valor relativo igual ao das quotas que até agora possuíam nas sociedades, o capital social é de ..., dividido em ...: quotas, a saber:

– uma do valor nominal de ....., pertencente a ...
– uma do valor nominal de ....., pertencente a ...
– uma do valor nominal de ....., pertencente a ...
– uma do valor nominal de ....., pertencente a ...

– Declararam, os outorgantes, que desde a elaboração do projecto de fusão até esta data, não houve mudança relevante nos elementos de facto em que se baseou este projecto, nem houve alteração ao contrato social da sociedade incorporante e que desde a data a que se reportam os balanços até hoje, não ocorreram diminuições patrimoniais que obstem à presente fusão _____

ASSIM O OUTORGARAM. ⸻

– Adverti os outorgantes da obrigatoriedade do registo deste acto, na competente Conservatória, no prazo de dois meses a contar de hoje.

– ARQUIVO:

– Certidões do Registo comercial;

– projecto de fusão, balanços e fotocópias certificadas por ... das actas das assembleias gerais, que os aprovaram, bem como o contrato da sociedade incorporante, documentos que serviram de base ao registo do projecto de fusão

– Declaração e nota de liquidação do Imposto Municipal sobre as transmissões onerosas imóveis, número ...., liquidada e paga via Internet em ...de ... de 2007.

– EXIBIRAM:

– Certidão de teor emitida pela ...Conservatória do Registo Predial de ... em ... de ...de 200...; e

– caderneta predial urbana, obtida via-internet em ... de ... de 200...

– fotocópia certificada por ... do alvará de licença de utilização n.º ..., emitida pela ...de .... em ... de ... de ..., para o prédio de que a mencionada fracção faz parte;

e

– publicações referidas.

– O imposto do selo liquidado nesta escritura é de .... das verbas .... da Tabela Geral do Imposto do Selo. ⸻

– Foi feita aos outorgantes, em voz alta e na sua presença simultânea a leitura desta escritura e a esxplicação do seu conteúdo.

BIBLIOGRAFIA

António Monteiro Fernandes *"Direito do Trabalho"*, Almedina, 10.ª edição

Bernardo da Gama Lobo Xavier, *Curso de Direito de Trabalho"* Verbo

Cabral de Moncada *"Lições de Direito Civil"*, vol. II ATLANTIDA, 3.ª edição Carlos Rosa Lopes *"Consolidação de Contas e Fusões e Aquisições (F & A)"* Rei dos Livros

Carvalho Fernandes *"Teoria Geral do Direito Civil"*, 2.ª edição vol I LEX,

Castanheira Neves *"Metodologia Jurídica – Problemas Fundamentais,* colecção «Studia Iuridica»

Costa Abrantes *"A Transmissão do Estabelecimento Comercial e a Responsabilidade pelas Dívidas Laborais"*, QL, Ano V, II, 1998

Coutinho de Abreu in *"Da Empresarialidade – as Empresas no Direito"*, Colecção Teses, Almedina, 1998

Eduardo Correia *Direito Penal e Direito de mera Ordenação Social»*, in Boletim da Faculdade de Direito, vol. XLIX (1973)

Faria Costa *«A importância da recorrência no pensamento jurídico. Um exemplo: a distinção entre o ilícito penal e o ilícito de mera ordenação social»*, in Revista de Direito e Economia, ano IX, N.º 1 e N.º 2, Janeiro-Fevereiro de 1983

Ferrer Correia, *"Sociedades Comerciais"*

Ferri *Le Società"*, Utet, 2.ª edição

Francesco Ferrara/Francesco Corsi *"Gli imprenditori e le società"*, 5.ª e 7.ª edição

Giovanni Tantini *"la Fusione delle Società"*, in *"Trattato di Diritto Commerciale e di Diritto Pubblico Delleconomia"*, direcção de Francesco Galgano, vol 8.º, Cedam

Inocêncio Galvão Telles, *"Das Universalidades"*: estudo de Direito Privado / Inocêncio Galvão Telles – Lisboa: [s.n.], 1940.

José Engracia Antunes *"Os Grupos de Sociedades"* 2.ª edição, Almedina

José Gabriel Pinto Coelho *"Lições* (feitas ao curso do 3.º ano jurídico) *de Direito Comercial Obrigações Mercantis em Geral Obrigações Mercantis em Especial (Sociedades Comerciais),* Edição do Autor, 1966, fascículo II.

160   *Fusão de Sociedades Comerciais*

JOSÉ MARIA RODRIGUES DA SILVA, «*Modificação, Suspensão e Extinção do Contrato de Trabalho*», *Direito do Trabalho*, B.M.J., Suplemento, Lisboa, 1979

JOSÉ TAVARES "*Sociedades e Empresas Comerciais*", Coimbra Editora, 1924.

MARIA VICTÓRIA FERREIRA DA ROCHA "*Aquisição de Acções Próprias no Código das Sociedades Comerciais*" – Livraria Almedina, Coimbra, 1994

MÁRIO PINTO/FURTADO MARTINS/NUNES DE CARVALHO "*Comentários às Leis de Trabalho*", vol. I - Lex Edições Jurídicas, Lisboa 1994

MENEZES CORDEIRO *Estudos em Homenagem ao Prof.* INOCÊNCIO GALVÃO *TELES*", Vol. IIII Direito do Arrendamento Urbano – Livraria Almedina, Estudo organizado pelos Professores Doutores António Menezes Cordeiro, Luís Menezes Leitão e Januário da Costa Gomes, Dezembro de 2002

MENEZES CORDEIRO "*Manual de Direito das Sociedades*" I Almedina,

MOTA PINTO, *Cessão da Posição Contratual*, Atlântida Editora, Coimbra, 1970

PAULA E HELDER QUINTAS "*Código do Trabalho*", 3.ª edição Almedina

PEDRO ROMANO MARTINEZ, *Direito do Trabalho*, 1.ª edição, Almedina, Coimbra, 2002

PESSOA JORGE *Transmissão do arrendamento comercial por efeito da incorporação da sociedade arrendatária*" O Direito, ano 122.° (1990)

PINTO FURTADO "*Manual do Arrendamento Urbano*", 2.ª edição Almedina, PINTO FURTADO, "*Curso do Direito das Sociedades*" 4.ª edição Almedina,

PUPO CORREIA "*Direito Comercial*" 5.ª Ed..°., SPB editores

RAÚL VENTURA "*Fusão, Cisão e Transformação de Sociedades*" Almedina

RAÚL VENTURA "*Sociedade por Quotas*" Vol I Almedina,

SILVETTI "*Transformazione e fusione delle società*" 1973, 2.ª col

SIMONETTO *Transformazione e fusione delle società*" in "*Commentario al codice civile*" SCALOJA e BRANCA Bologna-Roma, 1965.

VIVANTE "*Tratatto teorico pratico di diritto commerciale*", vol. I

ÍNDICE

PARTE I

A FUSÃO DAS SOCIEDADES EM GERAL

CAPÍTULO I – Introdução	9
TÍTULO I – Noção	9
TÍTULO II – Modalidades	12
TÍTULO III – Natureza Jurídica	13
TÍTULO IV – Forma	24
CAPÍTULO II – Efeitos da Fusão	26
TÍTULO I – Na Transferência de Patrimónios	26
SECÇÃO I – Generalidades	26
SECÇÃO II – Formalidades para a oponibilidade a terceiros da transmissão do património	30
TÍTULO II – Efeitos da inscrição da Fusão no Registo Comerial.	31
TÍTULO III – Efeitos da fusão em certos vínculos contratuais	32
SECÇÃO I – No vínculo Laboral	32
SECÇÃO II – No vínculo arrendatício	37
Sub-Secção I – Para Fins não Habitacionais	37
Sub-Secção II – Para fins Habitacionais	39
TÍTULO IV – Efeitos da Fusão na responsabilidade Penal	40
CAPÍTULO III – Tramitação	43
TÍTULO I – Projecto de Fusão	43
SECÇÃO I – Formalidades	43

SECÇÃO II – Conteúdo do Projecto	44
TÍTULO II – Fiscalização do Projecto	57
SECÇÃO I – Elementos de Fiscalização	57
SECÇÃO II – Conteúdo dos Elementos de Fiscalização	59
TÍTULO III – Registo e Publicidade do Projecto	60
TÍTULO IV – Deliberações sobre o Projecto	61
SECÇÃO I – Deliberações	61
SECÇÃO II – Aviso	62
SECÇÃO III – Objecto de outras Deliberações	65
SECÇÃO IV – A Convocatória	67
SECÇÃO V – A assembleia	67
TÍTULO V – Garantias dos Credores e dos Sócios	69
TÍTULO VI – A exoneração dos sócios	70
TÍTULO VII – O acto da Fusão	71
TÍTULO VIII – Garantias Gerais	74
SECÇÃO I – Registos/Publicações	74
SECÇÃO II – O actual regime das Publicações Obrigatórias.	75

PARTE II

SITUAÇÕES PARTICULARES

CAPÍTULO I – Participação de uma sociedade no capital de outra das sociedades intervenientes	77
CAPÍTULO II – Sociedade incorporante detentora de participações da sociedade incorporada	77
CAPÍTULO III – Sociedade incorporante detentora de participações sociais próprias	78
CAPÍTULO IV – Sociedade incorporada detentora de participações sociais próprias	78

Índice

CAPÍTULO V – Sociedade incorporada detentora de participações sociais na sociedade incorporante 79

CAPÍTULO VI – Incorporação de sociedade totalmente pertencente a outra 85

TÍTULO I – Generalidades 85

TÍTULO II – Especialidades do Projecto conjunto de fusão 88

TÍTULO III – Registo do projecto conjunto de fusão 90

TÍTULO IV – Aviso aos sócios e credores 90

TÍTULO V – Registo da fusão 91

PARTE III
FUSÕES TRANSFRONTEIRIÇAS

CAPÍTULO I – Introdução 93

CAPÍTULO II – Âmbito de Aplicação 95

CAPÍTULO III – Condicionamentos 95

CAPÍTULO IV – Procedimentos 96

TÍTULO I – Projecto 96

TÍTULO II – Fiscalização da legalidade 98

CAPÍTULO V – Efeitos Jurídicos 99

CAPÍTULO VI – Participação dos Trabalhadores 100

PARTE IV
REGIME FISCAL DA FUSÃO

CAPÍTULO I – Introdução 103

CAPÍTULO II – O regime fiscal da fusão na perspectiva das sociedades intervenientes 105

TÍTULO I – Em sede de IRC	105
TÍTULO II – Em sede de IMT	111
TÍTULO III – Em sede de IVA	112
TÍTULO IV – Em sede de IS	112
TÍTULO V – Benefícios Fiscais	113
CAPÍTULO III – O regime fiscal da fusão na perspectiva dos sócios	116
TÍTULO I – Em sede de IRC	117
TÍTULO II – Em sede de IRS	118
CAPÍTULO IV – Considerações finais	119
ANEXOS	123
BIBLIOGTAFIA	159
ÍNDICE	161